HAIR CUTTING
BASIS

CONTENTS

理論 Theory

ヘアスタイルの考え方 6
ヘアカッティングのチェックポイント 9
プロポーションとバランス 10
＊参考資料（黄金比、ルート長方形、三分割法、幾何学的錯視）........ 11
頭部のポイントとセクション 16
ブロッキング／スライス 19
オンベース 20
オフベース 21
オーバーダイレクション 22
エレベーション 23
ストランドの引き出しとカットライン 24
テクニックの定義とキーポイント 25
テクニックとフォルム 26

ヘアスタイリストをめざす皆さんへ

本書は、ヘアカッティング技術を理解するための基本的な理論と知識を、正しく、確実に身につけることを目的としたヘアカッティング初心者のためのテキストとして、2006年に学校法人国際文化学園 国際文化出版局から刊行された「HAIRCUTTING BASIS」の改訂版です。

本書は、「理論」と「技術」の2パート構成になっており、「理論」パートには、授業で学ぶ一例ですが、デザインの基本的な考え方とヘアカッティングを理解するための基礎知識を記してあります。

「技術」パートは、〝入門編（Introduction）〟、〝初級編（Element）〟、〝基礎編（Foundation）〟で構成されており、手順にそって実習することで、ヘアカッティングのベーシックな技術と知識が身につきます。

また、巻末には、理解を補助する基本的な用語の解説集〝カット用語集〟もつけました。

本書が、しっかりとした基礎技術を身につけるための助けとなり、皆さんが、将来、お客様の沢山の笑顔に出会い、創るよろこびにあふれたヘアスタイリストとなられることを、心から願っております。

技　術　Technique

入門編　Introduction

1-1　シザーズの持ち方と開閉 30

1-2　カットをする時の基本姿勢 31

1-3　シザーズを持つ右手、ストランドを持つ左手.....32

1-4　ブロッキングのとり方 34

1-5　スライスのとり方 36

1-6　毛流の整え方 37

初級編　Element

2-1　指ではさんでカット 40

2-2　コームスルーでカット 41

2-3　フリーハンドでカット 42

2-4　オーバーダイレクションでカット 44

2-5　エレベーションによるカット 45

2-6　上下角 45°で引き出しカット _1 46

2-7　上下角 45°で引き出しカット _2 47

2-8　オンベースに引き出しカット 48

2-9　オンベースで頭の丸みに合わせてカット 50

2-10　真後ろに引き出しカット 52

2-11　上下角 90°オーバーダイレクションでカット ...53

2-12　真上に引き出しカット 54

基礎編　Foundation

3-1　ワンレングス（水平）........................56

3-2　ワンレングス（前下り）......................60

3-3　ワンレングス（前上がり）....................63

3-4　バックグラデーション 66

3-5　サイドグラデーション _1 70

3-6　サイドグラデーション _2 73

3-7　グラデーションボブ 80

3-8　ラウンドグラデーション 85

3-9　スクエアレイヤー 91

3-10　セイムレイヤー 96

3-11　ロングレイヤー _1 101

3-12　ロングレイヤー _2 104

3-13　ボックスボブ 110

3-14　レイヤー on グラ 114

3-15　レイヤー on レイヤー 119

3-16　ブロードライ 124

Glossary
カット用語集 129

ヘアスタイルの考え方

ヘアスタイルを つくる

Design すること

＊つくりたいスタイルをイメージできますか？
＊そのイメージをカタチにするには？
＊その方法でいいの？
＊そのスタイル、ホントに似合ってる？
＊お客様が求めているスタイルは？
＊オリジナリティってなんだろう？
＊鏡の中に、お客様の笑顔が見えますか？

・どうなりたいの？ ・その人に合ってる？ ・似合ってる？ ・その人らしい？
・本来の美しさを引き出す ・その人が気づいていない "らしさ" を引き出す

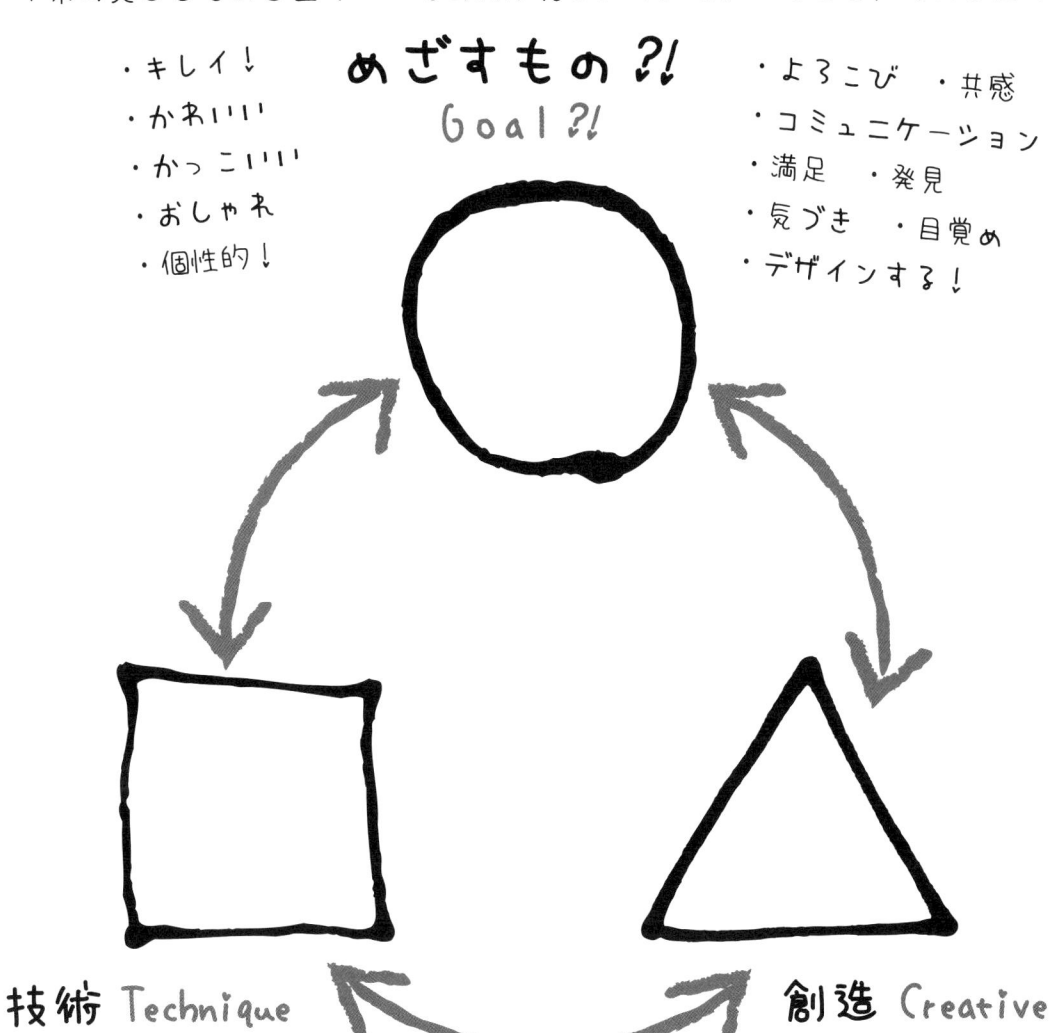

めざすもの?!
Goal?!

- キレイ！
- かわいい
- かっこいい
- おしゃれ
- 個性的！

- よろこび ・共感
- コミュニケーション
- 満足 ・発見
- 気づき ・目覚め
- デザインする！

技術 Technique

- 具体的にカタチにする
- 磨く ・積み上げる
- 繰り返す ・手段
- 上手くなる
- スピード ・確実性
- 基礎 ・応用 ・土台

創造 Creative

- デザインの足がかりを探す
- イメージする ・発想する
- 刺激を受ける ・発見する
- インスピレーションを働かせる
- いつも新しい ・自然にモチーフを求める
- バリエーションがないか？
- 模倣（コピー）の先にあるもの…

＝
コピーをおそれないで

コピーをおそれないで

「オリジナル」と「模倣（コピー）」の違いはどこにあるのでしょうか？

人が創造するものはすべて、

すでに存在する何かにヒントを得ています。

画家の卵が、名作といわれる絵画の模写や彫刻作品の模彫を

製作の手がかりとすることがあるように、

創造性を身につけたいのならば、まずはコピーすること。

それが「近道」だと思います。

遠慮せずに、コピーをしましょう。

「オリジナル」は、コピーを重ねた先に、見えるものですから。

勿論、コピーをコピーといえる真摯さをつねに忘れずに…。

ヘアカッティングのチェックポイント

毛髪が乾いている状態

来店時

全体をみる
- 全身のバランス　・顔のバランス
- プロポーション　・雰囲気
- ファッション（傾向や好み、ブランド、アクセサリー、靴、バッグ、その他持ち物）
- メイク（有無、傾向や好み）
- ネイル（有無、傾向や好み）

ライフスタイルを知る、考える
- 性別
- 世代や年齢
- 職業や立場
- 生活時間や行動パターン
- 価値観　・趣味趣向

カウンセリング

ヘアスタイルや毛髪の状態を見る
- ヘアスタイル
- 毛髪の長短や損傷の度合い
- 毛量（多い、少ない、部分的）
- 毛質（細・太、軟・硬、軽・重）
- くせ（直毛・縮毛・波状毛・捻転毛・球状毛）
- 生え方や生え際（額、もみあげ、襟足、つむじ、起きる・寝る、方向）
- 伸びる早さ（全体、部分的）
- パーマ（有無、状態）
- ヘアカラー（有無、状態）

シャンプー

毛髪を湿らせた状態

頭部の骨格をみる
- 頭部の形や大きさ（ゼッペキ、ハチ張り、凹凸、いびつ、左右非対称等）
- 顔の形や大きさ（エラ張りや額の広さなど毛髪で隠れている部分、目鼻口など顔のパーツ、ほお骨や額の高さ、左右非対称等）
- 耳の位置、大きさ、長さ、形
- 皮膚の状態（毛髪で隠れている部分）

（施術前）

施術

ブロードライ

♥♥♥ memo ♥♥♥

プロポーションとバランス

プロポーションとは？

比率、比例、割合、つりあい、均衡、調和などの意味で、「プロポーションが良い」という言葉は、全体のバランスが美しい…といった意味で用いられている。

美しいプロポーションの比率として最もよく知られているのが「黄金比（黄金分割、黄金方形、黄金律などともいう）」である。黄金比は、古代エジプトで考案され、ギリシャ時代に実用化された美の原理であり、中世では神授比例法（神から授けられた理想のプロポーションの意）と呼ばれていた。その他にも、「白銀比」と呼ばれる$1:\sqrt{2}$の比率や$1:\sqrt{3}$、$1:\sqrt{5}$といった比率がある。
これらの比率はどれも、正方形から作り出せる方形の比率である。

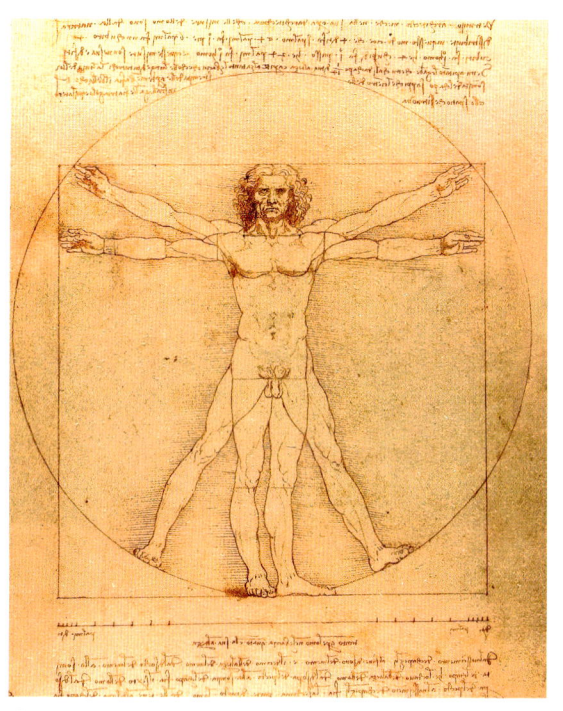

『モナ・リザ』『最後の晩餐』の画家として有名なレオナルド・ダ・ヴィンチは、数学者ルカ・パチョーリの著書『Divina Proportione（神聖比例論）』(1509年)で、共和政ローマ期に活動した建築家・建築理論家のウィトルウィウス（紀元前80～15年頃）の規則を採り入れた人体のプロポーションを図解した。正方形が人体を囲み、両手と両足は臍（へそ）を中心とする円に接する。人体は腿の（もも）のつけ根で二等分され、臍の高さで黄金分割されるというものである。

バランスとは？

バランスとは、美的調和や均衡がとれていること、つりあっていること、視覚的な重みを均等に配分すること。
バランスのとれた造形は、安定感があり、見る者に安心感を与える。逆にバランスを欠いたアンバランスな造形は、見る者を不安にさせ、落ち着かない気分にさせる。

例えば左右対称は、多くの人間が好み、図柄として認識しやすく、美しいと感じるバランスの一つである。安定感、落ち着き、力強さ、不変性を感じさせ、静的で整然とした構図となる。
また、絵画や写真の世界では、バランスのよい構図を求める簡単な方法として「三分割法（三分の一の法則）」が用いられる。

インドにある世界遺産『タージ・マハル』は、白亜の大理石でつくられた正確無比なシンメトリーが美しいパレス風の建物で、インド・イスラム建築の最高峰、世界で最も美しい建造物ともいわれている。ヒンドゥー教国インドにおいて栄華を極めたイスラム王朝、ムガル帝国の皇帝シャー・ジャハーンが、最愛の妻のために建造した霊廟（お墓）で、亡くなった王妃のために1632年から22年の歳月をかけて造営されたという。

参考資料

黄金比 1:1.618…

「黄金比」は、黄金分割、黄金方形、黄金律などともいわれる

● 黄金比は、美しく神聖な比率として、古来より人々を惹きつけてきた。
例えば、長方形では、縦横の辺の比が1：1.618…となるものが最も美しいとされ、特にこの長方形は「黄金長方形」と呼ばれている。

● 黄金比は、終わりも繰り返しもしない数字の列、1.6180339887…で表される。式で表すと、$\frac{1+\sqrt{5}}{2}$ となり、整数でも分数でもない、通約不可能な無理数である。

オウム貝

貝殻の丸い螺旋なる成長パターンには、少しずつ大きくなる成長パターンが見られる。貝殻の成長パターンは黄金比の対数螺旋であり、完璧な成長パターン理論として知られる

ひまわり

ひまわりの種は、交差する2組の螺旋（時計回り21、反時計回り34）にそって成長し、1つ1つの種は両方の螺旋に属する。この2組の螺旋の21と34という数字の並びは、※フィボナッチ数列の隣り合った数字のペアであり、21対34は、黄金比率にきわめて近い数値となる

黄金長方形

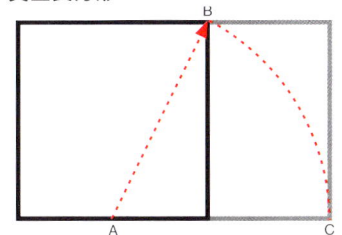

正方形の底辺の中点Aから角Bまでを半径とする弧を描き、正方形の底辺をCまで伸ばし、正方形の延長で長方形を描く

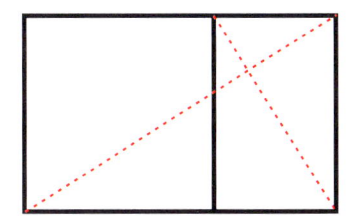

これによってできた長方形（正方形＋小さい長方形）は黄金長方形である

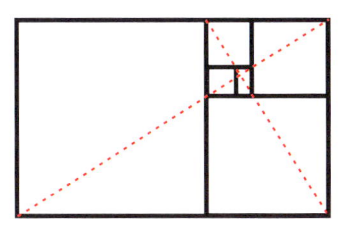

また黄金長方形は正方形と小さい黄金長方形に分割することができ、分割してできた黄金長方形はさらに正方形と小さい黄金長方形に分割できる

▲パルテノン神殿
ノートルダム寺院▶

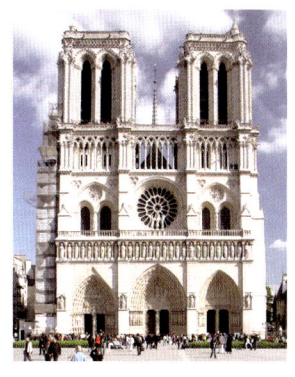

アテネのパルテノン神殿はギリシャのプロポーションシステムの一例で、神殿の正面は分割した黄金長方形に囲まれており、相補的な長方形が軒縁、帯状装飾壁、切妻屋根の高さを決めているという。そして、その数百年後には、ゴシック様式の大聖堂ノートルダム寺院に、黄金比が意図的に採り入れられた

黄金螺旋（らせん）

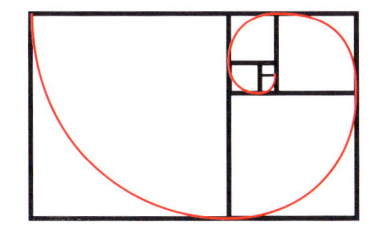

黄金長方形がもつ正方形の辺の長さを半径とした弧をつなげて描く

星形五角形

五角形は星形五角形を内包し、それによってできる二等辺三角形には黄金比が存在する。このパターンは限りなく繰り返す

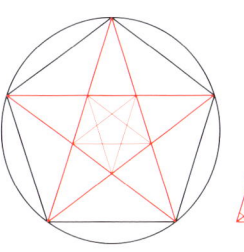

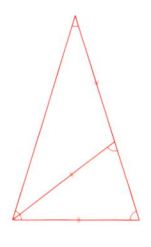

※**フィボナッチ数列**：数列の各項が2項の和に等しい数列。1,1,2,3,5,8,13,21,34,55,89,144,233…と続く。このフィボナッチ数列上の隣り合う2つの項の比は、振動（大小の値に変動）しながらも、次第に黄金比に近づくという

参考資料

ルート長方形
1:√2 1:√3 1:√4 1:√5 ……

● 黄金長方形のように、正方形から作り出せる方形は他にもある。これらは「ルート長方形」と呼ばれ、1：√2、1：√3、1：√4、1：√5などのプロポーション（比率）をもつ。

● 比率1：√2の「ルート2長方形」は「白銀比」とも呼ばれ、黄金比と同じくらい歴史が古く、昔から使われている。伝統的に日本人が好む比率ともいわれ、キティちゃんやアンパンマンといった日本のかわいいキャラクターは、白銀比におさまるという。

● 「ルート2長方形（白銀比）」は、身近なところでは、A4、B5といった紙のサイズに使われている。というのも、「ルート2長方形」はより小さい相似の長方形によって、無限に分割できるという特殊な性質があり、紙を最大限に使えて無駄がないうえ、比率も黄金比に近い。

ルート2長方形

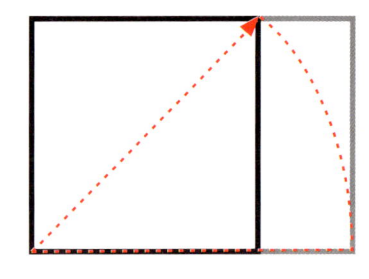

正方形の対角線を引き、対角線を半径とした弧を描き、正方形の延長で長方形を描く。これがルート2長方形であり、縦横の長さの比率は、1：√2（1.414…）となる

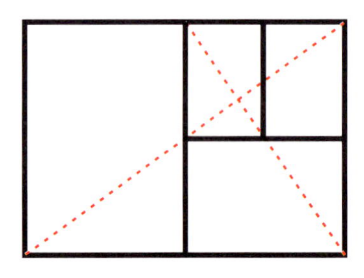

ルート2長方形は小さいルート2長方形に2分割できる。それをさらに2分割でき、その分割パターンは延々と繰り返す

三分割法
三分の一の法則とも呼ばれる

● 絵画や写真などの視覚芸術において、画面の構図を決定する際に用いられる基本的な法則の一つ。

● 画面を上下左右に三分割して4つの交点をつくり、主要な要素をその交点か真ん中にできた長方形にかかるように構図を決めると、適度な動きを伴ったバランスのよい作品ができあがるというもの。ちなみに、形の基本である正方形に三分割法を適用して9つに分割すると、分割された形も正方形になる。

● 一つの要素を強調したい場合は、画面の中央に縦線を一本引き、上下を三分割して交点を2つつくり、その交点に重要な要素を置くと、安定した構図が得られるという。肖像画などに用いられることが多い。

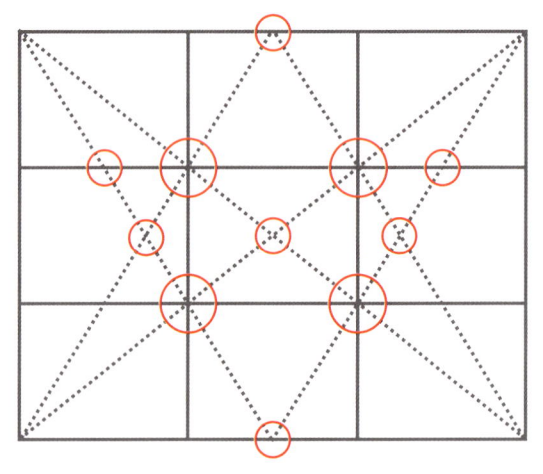

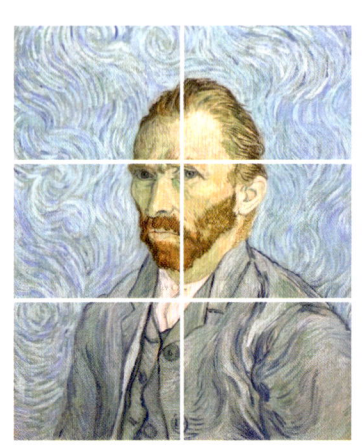

ヴィンセント・ヴァン・ゴッホ「自画像」（オルセー美術館蔵）

参考資料

幾何学的錯視

● 同じ長さや大きさのはずの線や形が、錯覚によって違って見えたり、方向や角度がずれて見えることがある。静止画なのに動いて見えたり、ないはずの図形が浮かび上がることもある。
●「錯視」は目の錯覚と言われるが、実際には目でおきるのではなく、脳でおきる現象である。錯視にかかわる脳領域は、視覚に関係する大脳皮質の「視覚野」と考えられているが、推測の段階であり、錯視の研究は約150年という長い歴史があるそうだが、そのメカニズムは未だ研究中である。

▲交差部分に存在しない灰色の斑点が見える

▲平行な線が傾いて見える

▲動かしてみよう。円領域がゆらゆらと動いて見える

参考資料

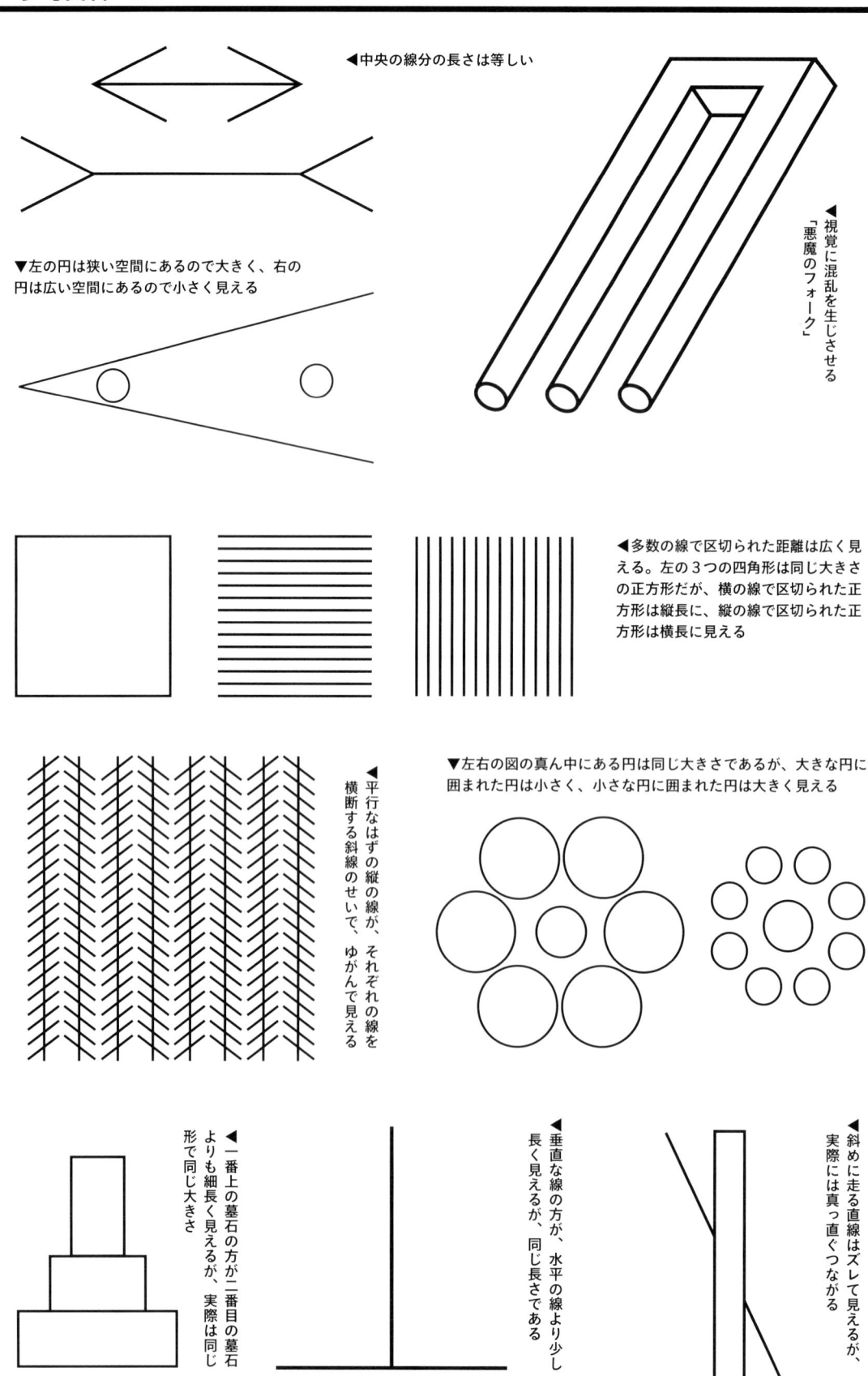

◀ 中央の線分の長さは等しい

▼ 左の円は狭い空間にあるので大きく、右の円は広い空間にあるので小さく見える

◀ 視覚に混乱を生じさせる「悪魔のフォーク」

◀ 多数の線で区切られた距離は広く見える。左の3つの四角形は同じ大きさの正方形だが、横の線で区切られた正方形は縦長に、縦の線で区切られた正方形は横長に見える

◀ 平行なはずの縦の線が、それぞれの線を横断する斜線のせいで、ゆがんで見える

▼ 左右の図の真ん中にある円は同じ大きさであるが、大きな円に囲まれた円は小さく、小さな円に囲まれた円は大きく見える

◀ 一番上の墓石の方が二番目の墓石よりも細長く見えるが、実際は同じ形で同じ大きさ

◀ 垂直な線の方が、水平の線より少し長く見えるが、同じ長さである

◀ 斜めに走る直線はズレて見えるが、実際には真っ直ぐつながる

参考資料

▲明るさが段階的に異なる長方形が並んで配列されている。それぞれの境界部分（エッジ）を見ると、暗い長方形が隣にあると明るく見え、明るい長方形が隣にあると暗く見える

▲左右の正方形の中にある正方形の明るさは同じだが、その背景の明るさによって、暗く見えたり（左図）、明るく見えたり（右図）する。対象の明るさは、背景の明るさとは反対向きに感じられる傾向がある例

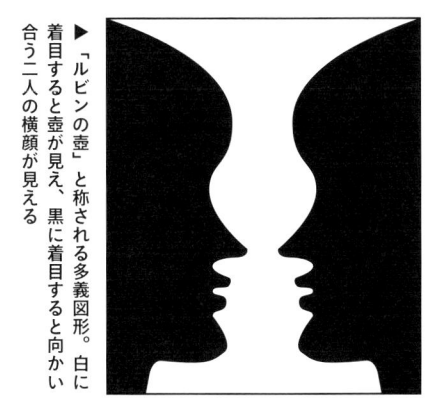

▶「ルビンの壺」と称される多義図形。白に着目すると壺が見え、黒に着目すると向かい合う二人の横顔が見える

▲左右の灰色は同じ灰色であるが、左の黒い縞模様の上に乗っている灰色は明るく見え、右の白い縞模様に乗っている灰色は暗く見える

▼影が物体の空間的な位置の知覚に影響を及ぼす効果により、左の球体は浮いて見えるが、右の球体は地面に接しているように見える

▼上半分が明るい円は膨らんで見え、下半分が白い円は凹んで見える。「光は上から差している」という想定が生み出す錯覚

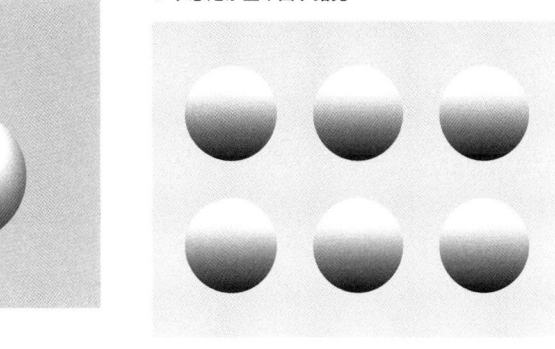

▼左の机の方が細長く見えるが、実際には2つの平行四辺形は、全く同じ大きさである

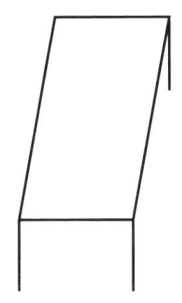

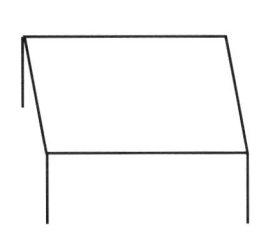

15

頭部のポイントとセクション

- 頭部のポイントは、ブロッキングやスライスする時の目印となる。
- 正中線は頭部左右の中央を走るラインで、頭部は正中線で左右対称。
- E.E.P（イヤーツーイヤーパート）は、左右の E.P（イヤーポイント）を結ぶラインで、頭部は E.E.P で前後（フロントとバック）に分けられる。
- H.P.L（ハイポイントライン）は、K.P（こめかみポイント）と H.P（ハイポイント）を結ぶライン。鉢回り、ハチマキを巻く位置。
- G.P（ゴールデンポイント）は、T.P（トップポイント）を通る水平線と、B.P（バックポイント）を通る垂直線が交差するところから、頭皮に直角に下ろした正中線上の点。

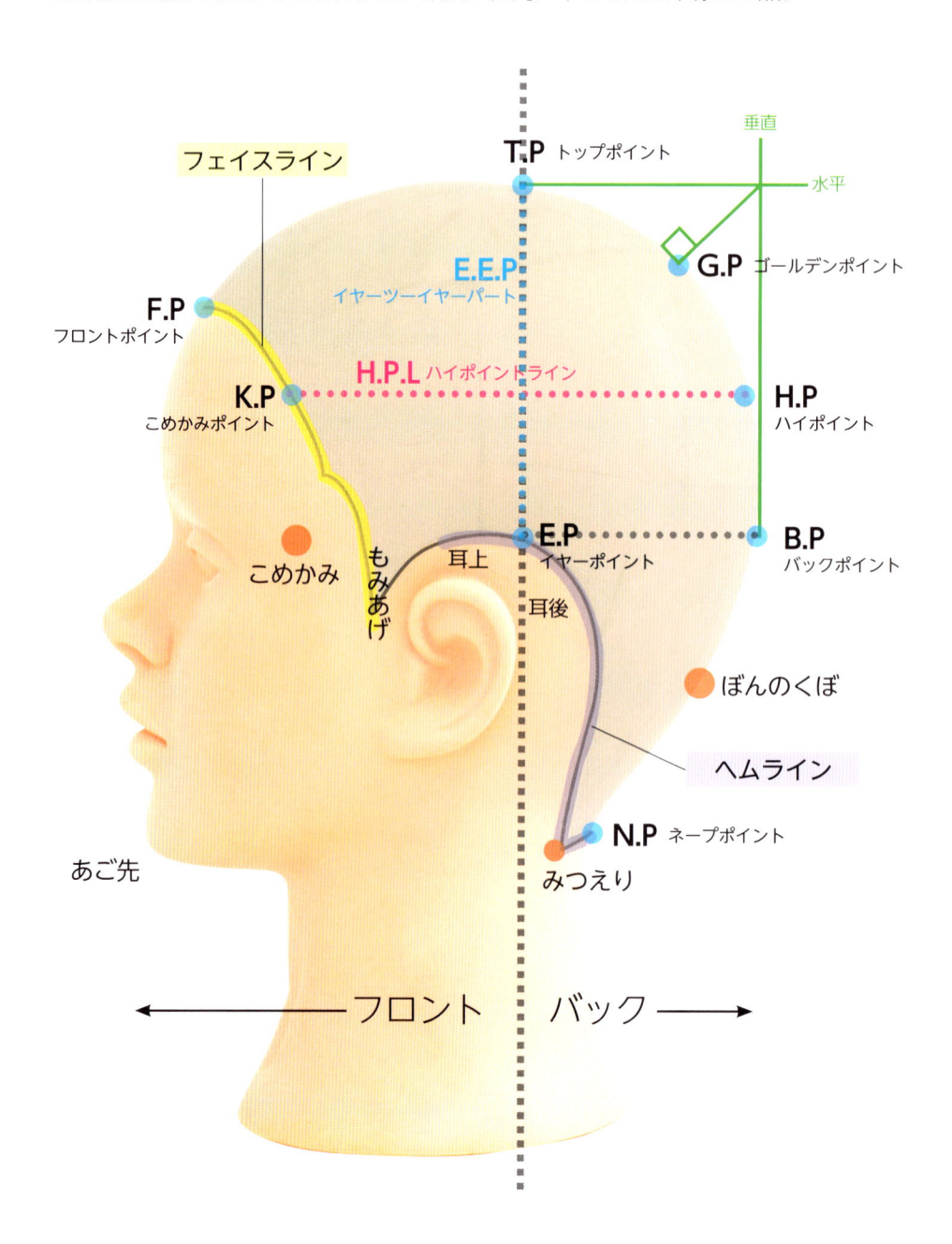

垂直
水平

T.P トップポイント
G.P ゴールデンポイント
フェイスライン
E.E.P イヤーツーイヤーパート
F.P フロントポイント
H.P.L ハイポイントライン
K.P こめかみポイント
H.P ハイポイント
耳上
E.P イヤーポイント
B.P バックポイント
こめかみ
もみあげ
耳後
ぼんのくぼ
ヘムライン
N.P ネープポイント
あご先
みつえり

← フロント　　バック →

← 右サイド　左サイド →

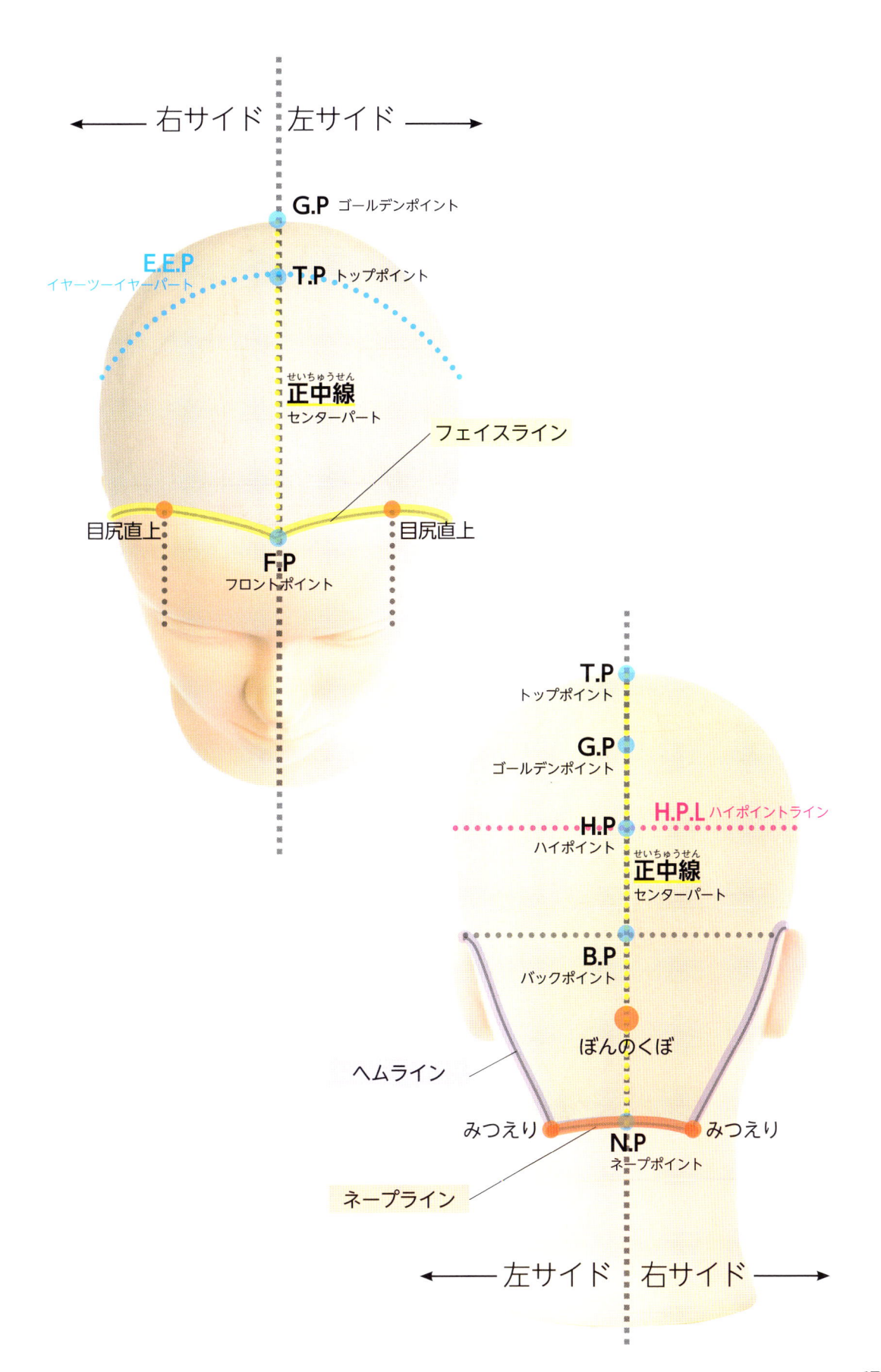

- **G.P** ゴールデンポイント
- **E.E.P** イヤーツーイヤーパート
- **T.P** トップポイント
- **正中線** センターパート
- フェイスライン
- 目尻直上
- 目尻直上
- **F.P** フロントポイント

- **T.P** トップポイント
- **G.P** ゴールデンポイント
- **H.P** ハイポイント
- **H.P.L** ハイポイントライン
- **正中線** センターパート
- **B.P** バックポイント
- ぼんのくぼ
- ヘムライン
- みつえり
- みつえり
- **N.P** ネープポイント
- ネープライン

← 左サイド　右サイド →

17

● 頭部の各セクションは、ブロッキングやスライスにより分けとられる範囲

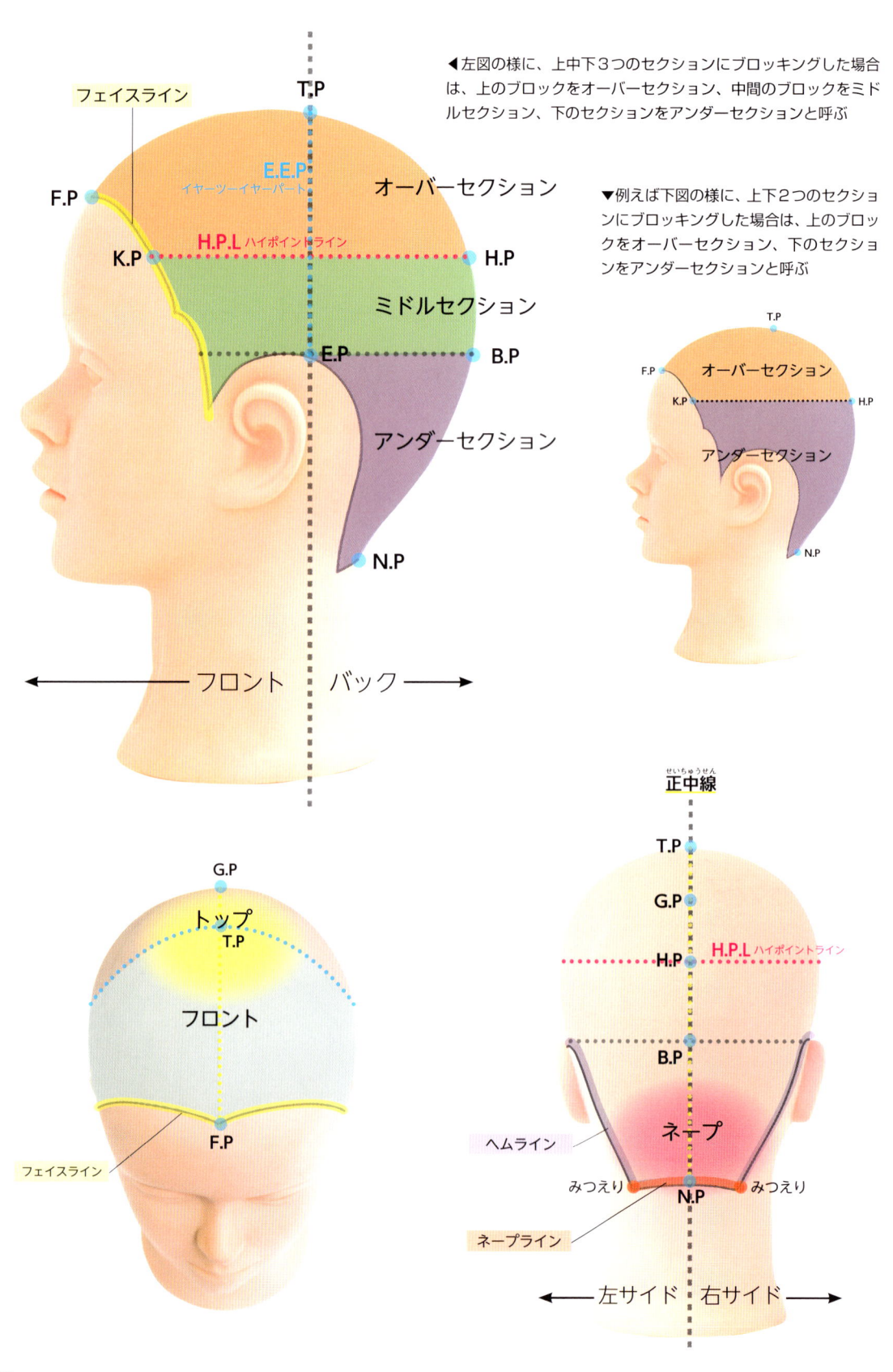

◀左図の様に、上中下3つのセクションにブロッキングした場合は、上のブロックをオーバーセクション、中間のブロックをミドルセクション、下のセクションをアンダーセクションと呼ぶ

▼例えば下図の様に、上下2つのセクションにブロッキングした場合は、上のブロックをオーバーセクション、下のセクションをアンダーセクションと呼ぶ

フェイスライン
T.P
F.P
E.E.P イヤーツーイヤーパート
オーバーセクション
H.P.L ハイポイントライン
K.P
H.P
ミドルセクション
E.P
B.P
アンダーセクション
N.P

フロント ← → バック

T.P
F.P
オーバーセクション
K.P
H.P
アンダーセクション
N.P

G.P
トップ
T.P
フロント
F.P
フェイスライン

正中線（せいちゅうせん）
T.P
G.P
H.P.L ハイポイントライン
H.P
B.P
ネープ
ヘムライン
みつえり　みつえり
N.P
ネープライン

左サイド ← → 右サイド

18

ブロッキング

カットしやすいように、スタイルに合わせ、頭部のポイントをつないだラインで毛髪を分けとり、いくつかのブロックにまとめておく。
右図は、正中線とE.E.Pで4つのブロックに分けた基本の4ブロック。

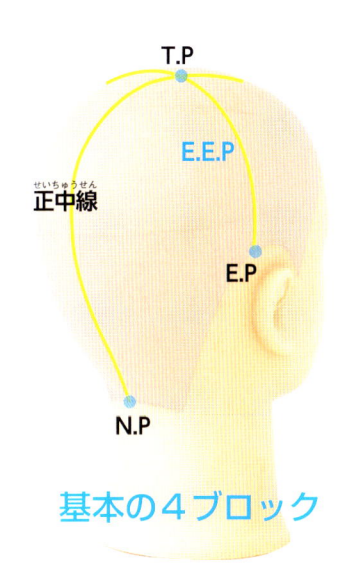

基本の4ブロック

スライス

求めるスタイルに応じて、各ブロックの毛髪を薄く分けとり（スライス）、カットしていく。
基本的なスライスのとり方には、
❶ 水平にスライス線をとる「ホリゾンタルスライス」
❷ 縦にスライス線をとる「バーティカルスライス」
❸ 斜めにスライス線をとる「ダイアゴナルスライス」
❹ 放射状にスライス線をとる「ラジアルスライス」
がある。

❷ バーティカルスライス

❶ ホリゾンタルスライス

❹ ラジアルスライス

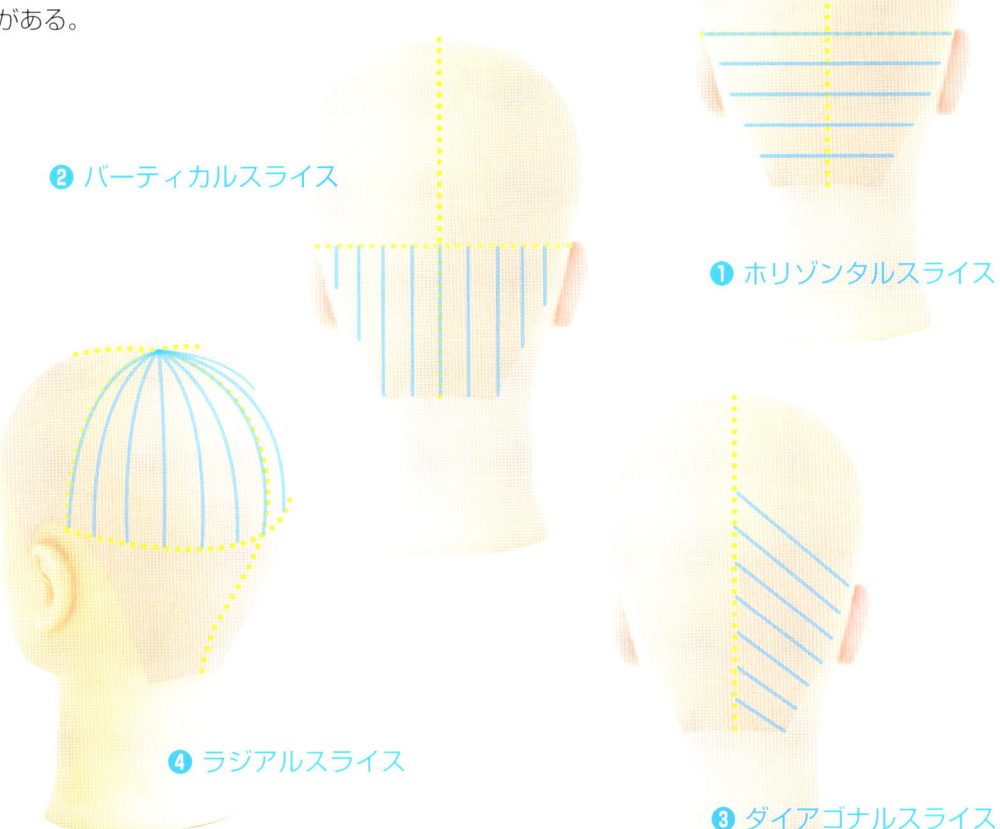

❸ ダイアゴナルスライス

オンベース

ストランド（引き出した毛髪）を、ベース中心の毛髪が直角になるように二等辺三角形に引き出した状態。左右角、上下角とも90°。

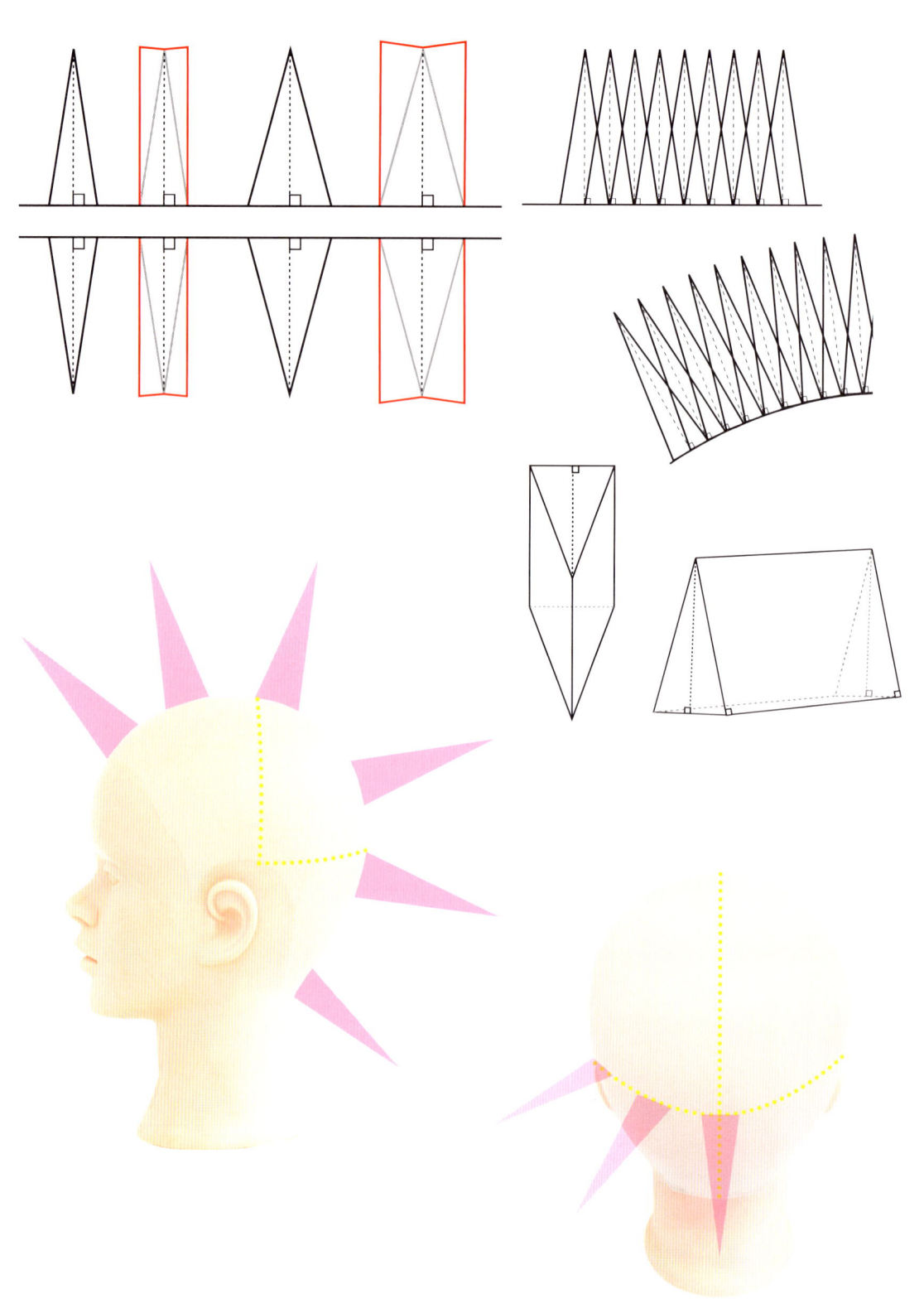

20

オフベース

ストランド（引き出した毛髪）をベース中心からズレた位置に引き出した状態。オンベース以外はすべてオフベース。

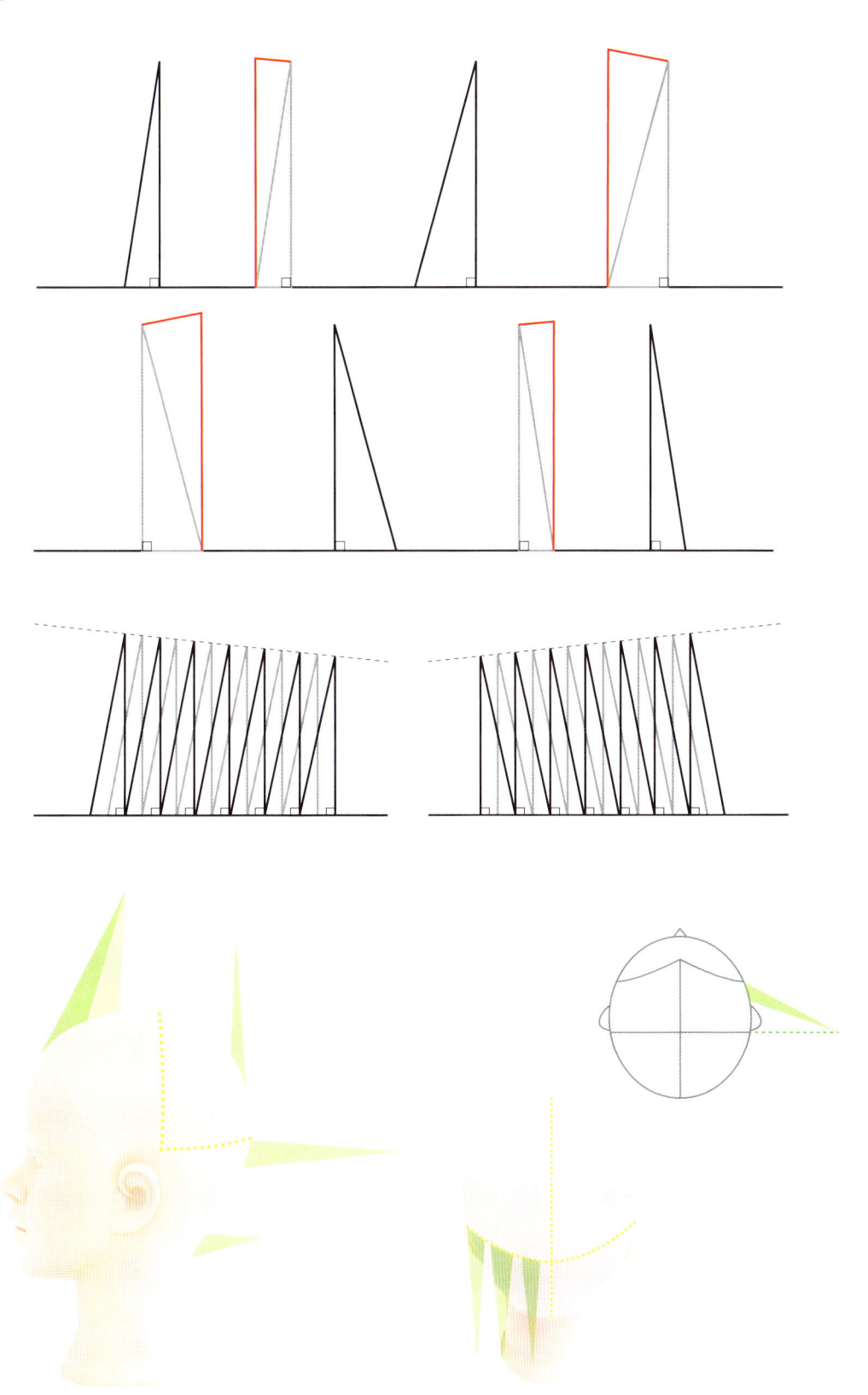

オーバーダイレクション

ストランド（引き出した毛髪）を毛髪が自然に落ちる位置と異なる位置に引き出すこと、または集めること。

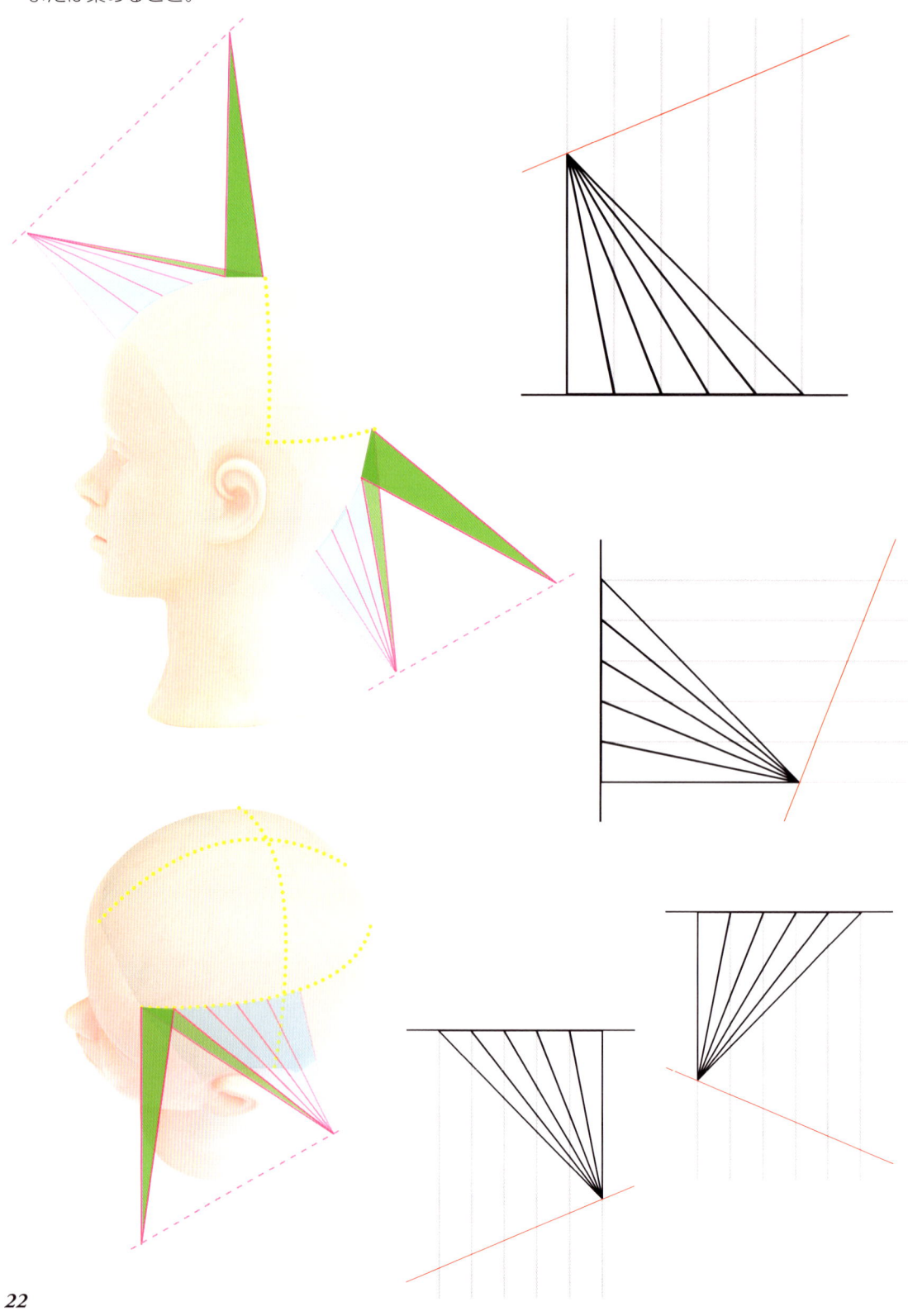

エレベーション

毛髪を持ち上げながらカットすること。リフト、リフティングともいう。

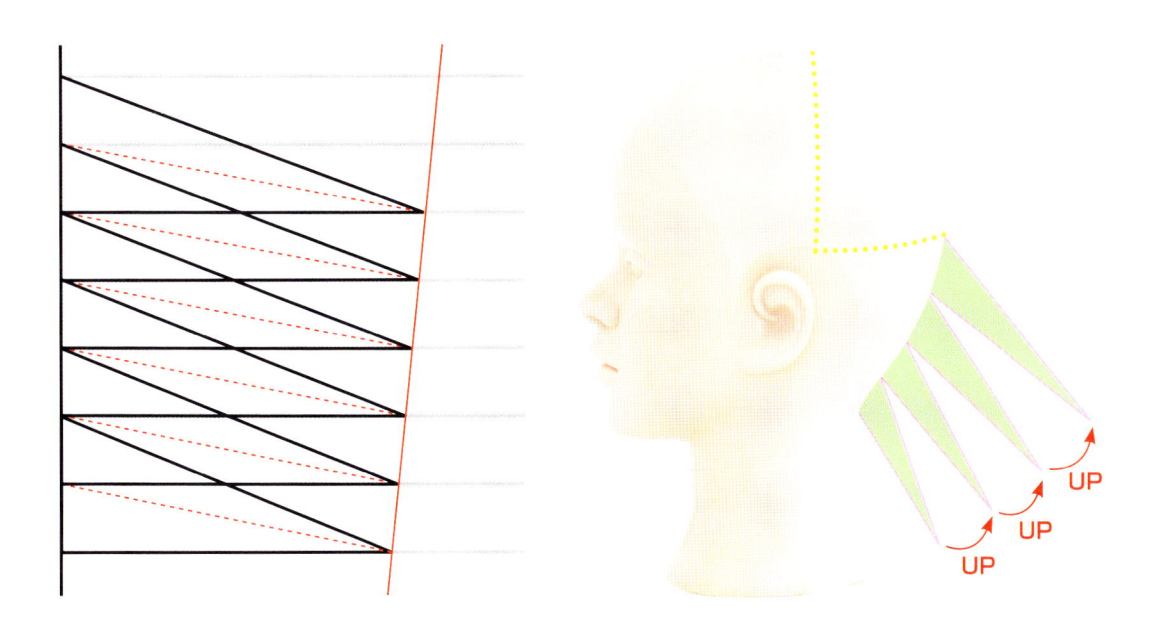

エレベーションとグラデーションの関係

小さい ← リフトアップの角度 → 大きい

エレベーションを行う
▼
グラデーションが入る

グラデーションの幅は、右図のように、指の持ち上げ方（リフトアップの角度）により変化する

エレベーション小さい
▼
グラデーションの幅は狭くなる

エレベーション大きい
▼
グラデーションの幅は広くなる

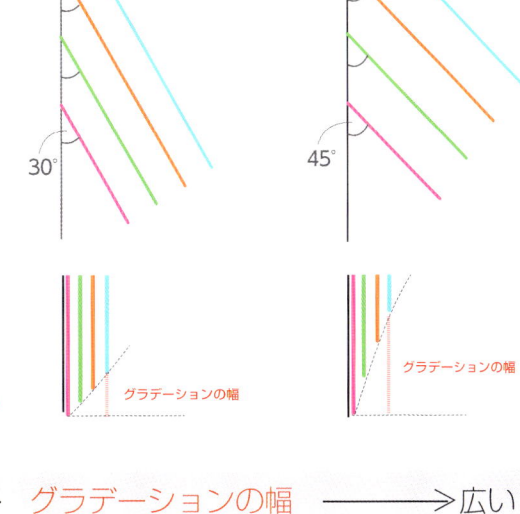

15°　30°　45°

狭い ← グラデーションの幅 → 広い

23

ストランドの引き出しとカットライン

ストランドを引き出す角度と、カットラインの角度によって、毛髪に段差が生じる。

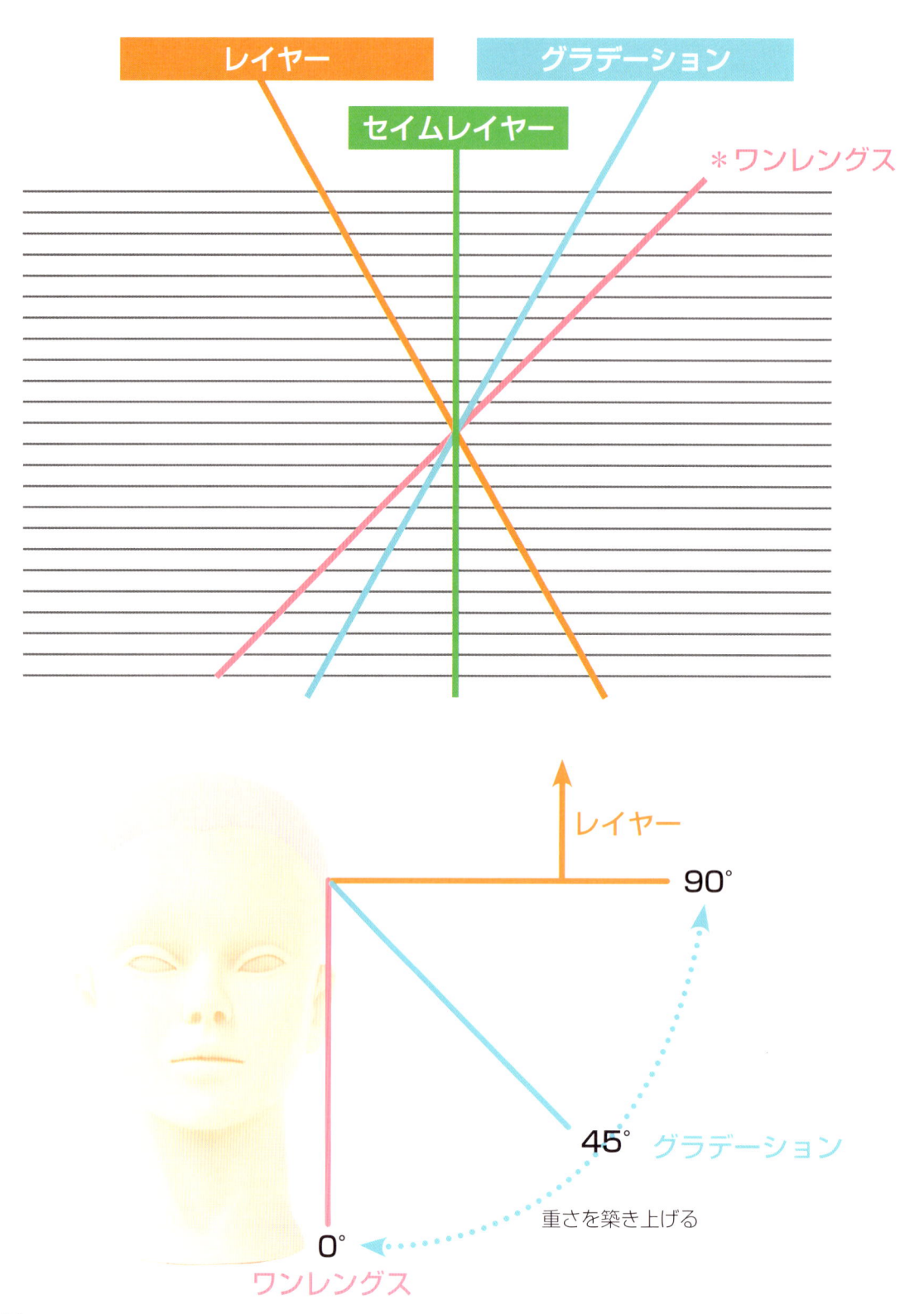

レイヤー
セイムレイヤー
グラデーション
＊ワンレングス

レイヤー
90°
45°　グラデーション
重さを築き上げる
0°
ワンレングス

テクニックの定義とキーポイント

A ワンレングス　　全ての髪を、自然に落ちる位置で同一線上にカットする

スライス＞ 求めるラインと平行　　**効果＞** ヘビー、ストロング、ハードなラインに仕上がる

【キーポイント】
ノーテンション、ノーグラデーション、ノーエレベーション（ノーリフト）
　　＞全ての髪を自然に落ちる位置で、同一線上にカットするため
ノーオーバーダイレクション＞ リフトしたりコントロールしない（自然に落ちる位置でカット）
イーブンダンプネス＞ 均一な水分量
ヘッドポジション＞ 頭の位置でバランスや左右の長さに誤差が生じる
ボディポジション＞ カットラインに対して平行に立つ
アイレベル＞ 求めるカットラインが最も正確に見える位置
オンザスキン＞ 皮膚の上。ストランドが、皮膚に最も近い、角度のない状態にあること

B グラデーション　　重さを築き上げる

スライス＞ ホリゾンタル、バーティカル、ダイアゴナル、いずれも良い
効果＞ 立体的になる（奥行きが出る）

【キーポイント】
エレベーション（リフト）＞ 重さを築き上げるため
オーバーダイレクション＞ 頭の形に反して、髪をコントロールする
テンション＞ 髪にかける張力（引っ張る力）を均一にする
フィンガーアングル＞ 角度をつくる場合に用いる　　**イーブンダンプネス＞** 均一な水分量
ヴィジュアルバランス＞ 視覚的に全体のバランス、重さの確認
クロスオーバー＞ 頭の丸みをつくるために、バックセンターを越えてセクションをとる
ウェット to ドライ＞ 築き上げて、グラデーションを確認しながら進む
ヴィルドアップウエイト＞ 重さを築き上げていく

C レイヤー　　重さを取り除く

スライス＞ バーティカル、ダイアゴナル、いずれも良い　　**効果＞** 軽さ、動き、質感が出る

【キーポイント】
オンベース＞ 頭の形にそってセクションをとる
オーバーダイレクション＞ 頭の形に反して、髪をコントロールする
テンション＞ 髪にかける張力（引っ張る力）を均一に
ボディポジション＞ ガイドラインを正しく設定、確認できる位置
イーブンダンプネス＞ 均一な水分量
ヴィジュアルバランス＞ 視覚的に全体のバランス、重さの確認
フィンガーアングル＞ 角度をつくる場合に用いる

テクニックとフォルム

フォルム▶　　　　〇

丸（ラウンド）

フロントからバックにかけて傾斜しているイメージ

▼テクニック

A　ワンレングス

＊全ての髪が自然に落ちる位置で同一線上にカットする

・ブラントカットでつくられるスタイルの中でも、最も基本的なもの
・毛髪を同一線上でカットすることでつくられる重さのあるスタイルが特徴
・ワンレングスとは直訳すると１つの長さという意味
・毛髪にテンションをかけず、自然に落ちる位置でカットする。フリーハンドによるカットが最も適している

ワンレングス（前上がり）

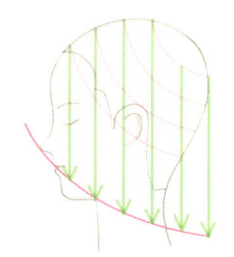

B　グラデーション

＊重さを築き上げる

・毛髪に密度の高い段差を出すことで、毛髪の厚みをぼかし、毛先が地肌にそうように仕上げたスタイル
・グラデーションとは、(色彩、光などの) ぼかし、色の推移、明暗の変移、徐々に変化すること…などの意味

ラウンドグラデーション

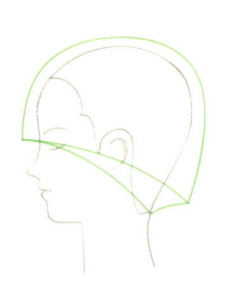

C　レイヤー

＊重さを取り除く

・毛髪に幅の広い段差を生じさせ、軽さや動き、質感を出して仕上げたスタイル
・レイヤーとは、層、重ね、階層…などの意味
・バーティカルやダイアゴナルにスライスし、角度をつけてストランドを引き出し、カットすることで、毛髪に上が短く、下が長い段差が生じる

セイムレイヤー

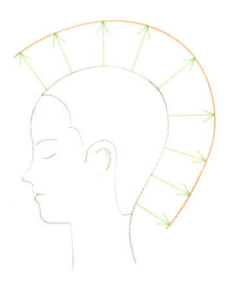

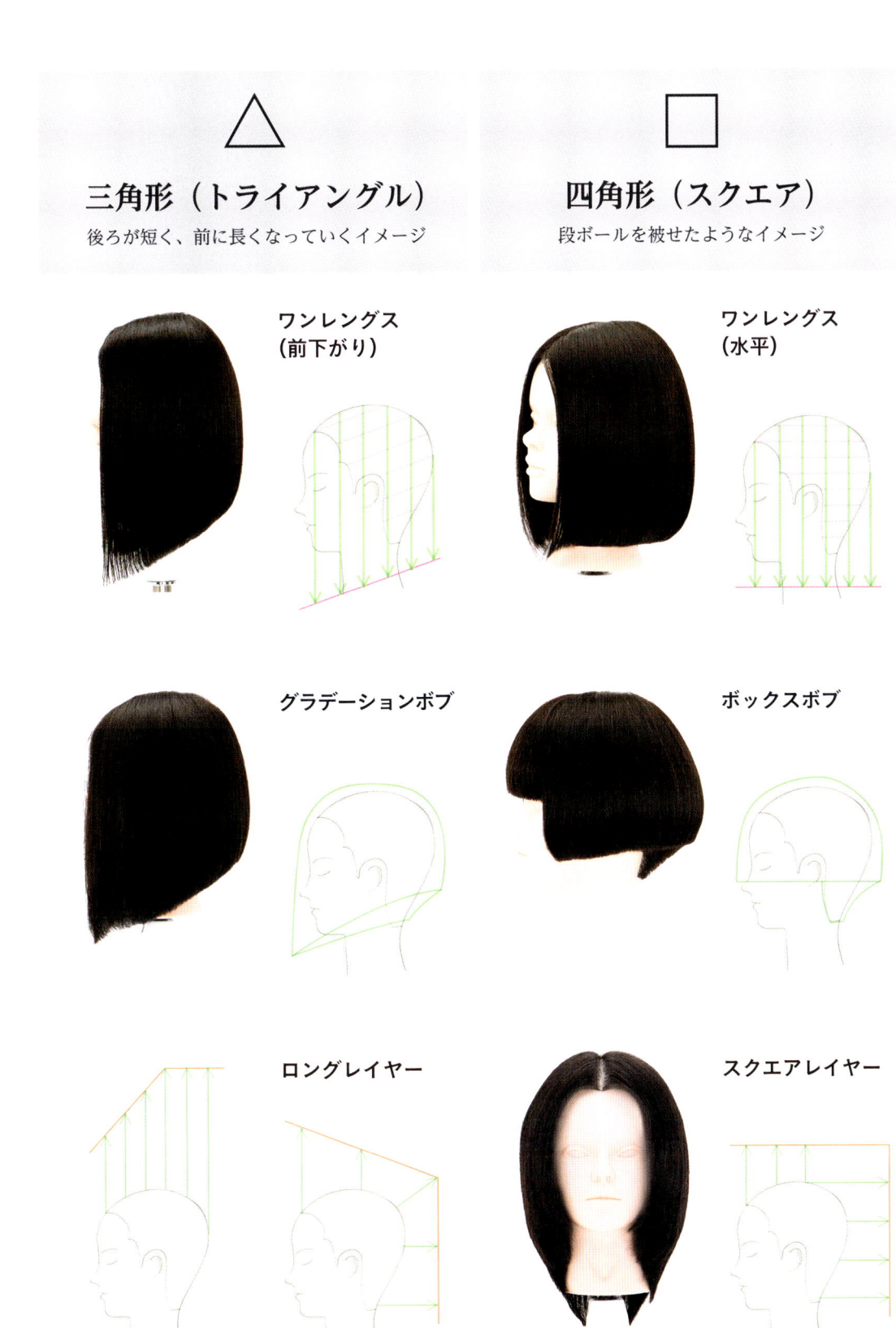

三角形（トライアングル）
後ろが短く、前に長くなっていくイメージ

四角形（スクエア）
段ボールを被せたようなイメージ

ワンレングス（前下がり）

ワンレングス（水平）

グラデーションボブ

ボックスボブ

ロングレイヤー

スクエアレイヤー

入門編

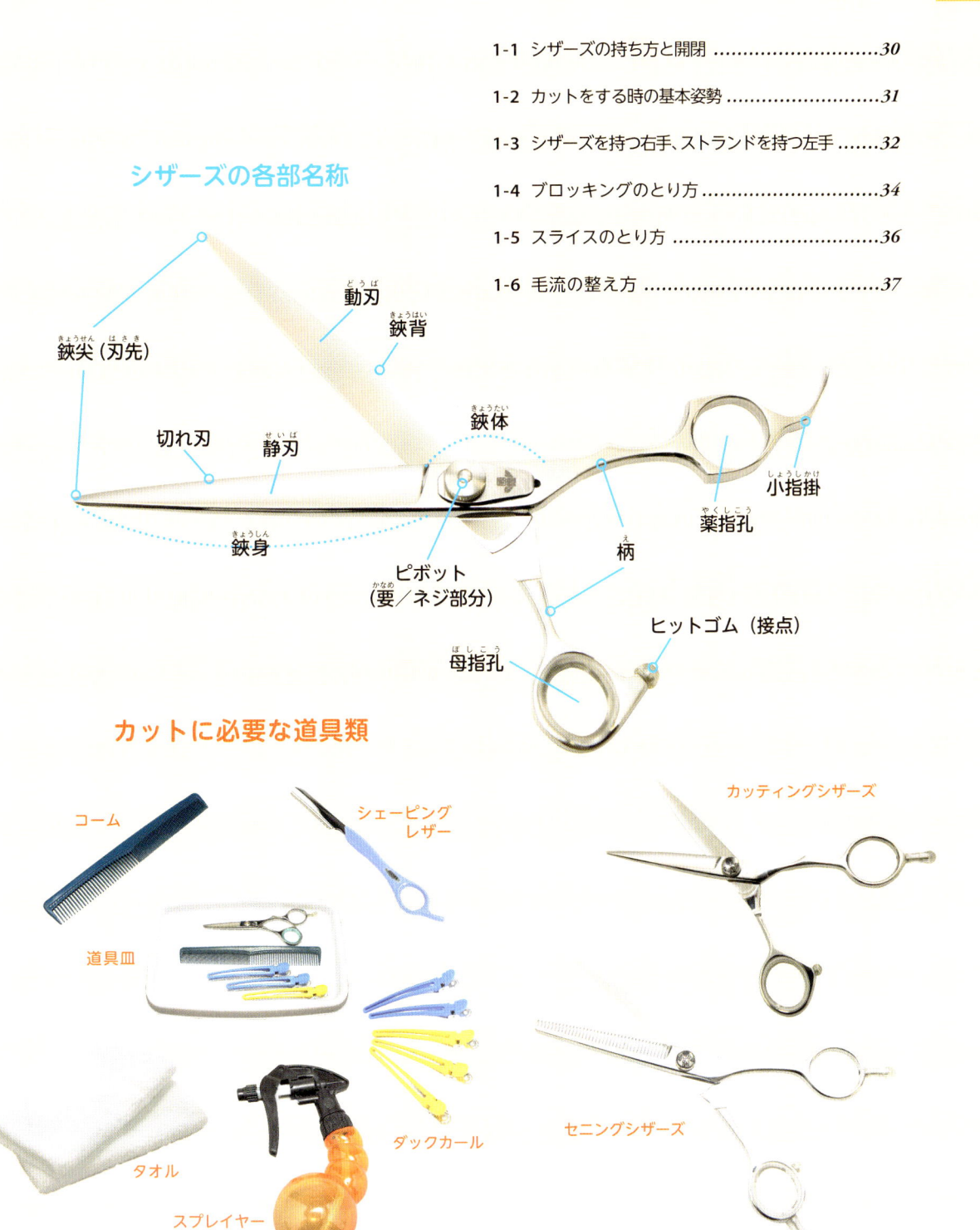

1 入門

1-1 シザーズの持ち方と開閉 30
1-2 カットをする時の基本姿勢 31
1-3 シザーズを持つ右手、ストランドを持つ左手 32
1-4 ブロッキングのとり方 34
1-5 スライスのとり方 36
1-6 毛流の整え方 37

シザーズの各部名称

- 鋏尖（刃先）（きょうせん／はさき）
- 動刃（どうば）
- 鋏背（きょうはい）
- 切れ刃
- 静刃（せいば）
- 鋏体（きょうたい）
- 鋏身（きょうしん）
- ピボット（要／ネジ部分）（かなめ）
- 柄（え）
- 小指掛（しょうしかけ）
- 薬指孔（やくしこう）
- 母指孔（ぼしこう）
- ヒットゴム（接点）

カットに必要な道具類

- コーム
- シェーピングレザー
- カッティングシザーズ
- 道具皿
- ダックカール
- セニングシザーズ
- タオル
- スプレイヤー

1-1 シザーズの持ち方と開閉

INTRODUCTION

- シザーズの正しい持ち方を覚えましょう
- シザーズの開閉を繰り返し練習しましょう

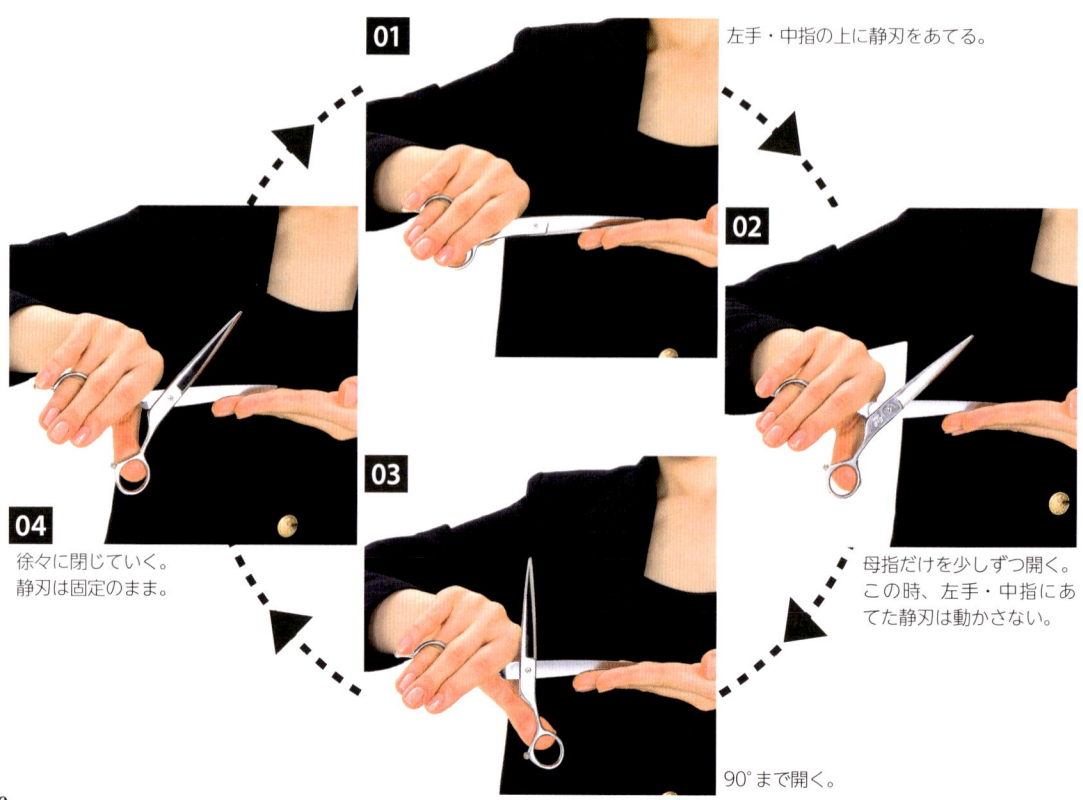

1 入門
2 初級
3 基礎

● シザーズの正しい持ち方を覚えましょう

01 薬指孔（上）に薬指を入れる。

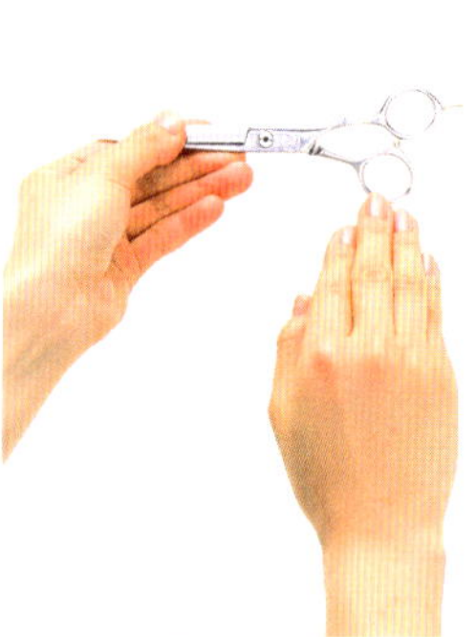

02 第2関節まで入れる。

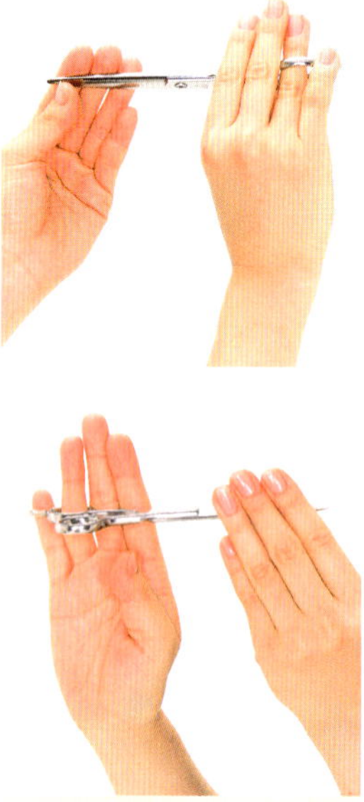

03 シザーズを示指の付け根付近に合わせ、母指の先を母指孔にかける。

04 手首に角度をつけて、シザーズを水平にする。

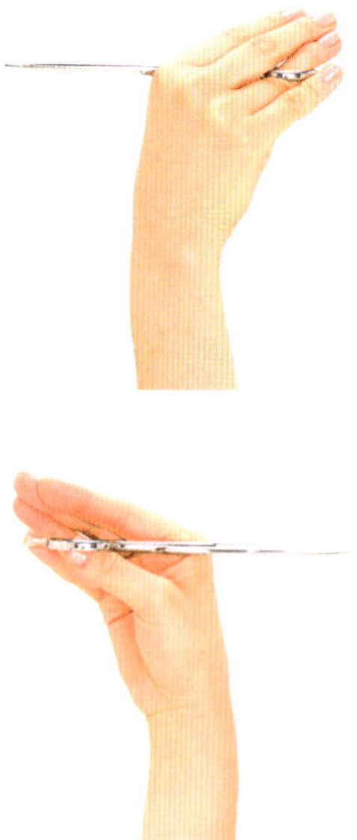

①母指（ぼし）＝親指
②示指（しし）＝人さし指
③中指（ちゅうし）
④薬指（やくし）
⑤小指（しょうし）

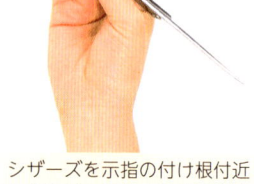

● シザーズの開閉を繰り返し練習しましょう

01 左手・中指の上に静刃をあてる。

02 母指だけを少しずつ開く。この時、左手・中指にあてた静刃は動かさない。

03 90°まで開く。

04 徐々に閉じていく。静刃は固定のまま。

カットをする時の基本姿勢 1-2

正しい姿勢で立ち、正しい姿勢でカットしましょう

INTRO-DUCTION

1 入門
2 初級
3 基礎

● 正しい姿勢で立ち、正しい姿勢でカットしましょう

基本姿勢

○足を肩幅に開いて、軽く膝を曲げて腰を落とし、カットに入る。
○毛髪をシェープする方向にあわせて、上体を傾ける。
○必要に応じて、体重移動や作業位置を変え、安定した状態でカットする。

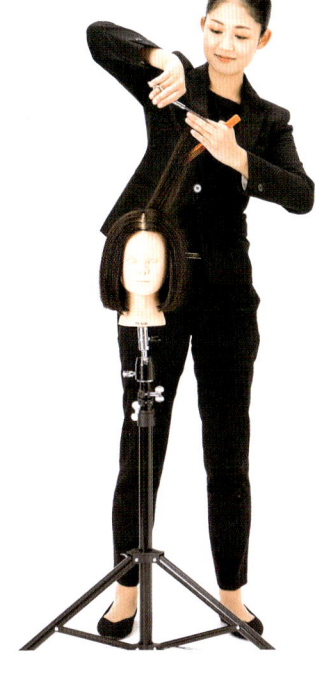

1-3 シザーズを持つ右手、ストランドを持つ左手

INTRODUCTION

- 手の内側でカットする場合の持ち方①②
- 手の背面でカットする場合の持ち方①②
- シザーズとコームを一緒に持って操作
- コームを左手にあずけてカット
- フリーハンドでカット

1 入門
2 初級
3 基礎

● 手の内側でカットする場合の持ち方①　床と平行にカット

▶左手／指先側から見た図

根元 ← 示・中・薬・小 → 毛先
※シザーズが当たる位置

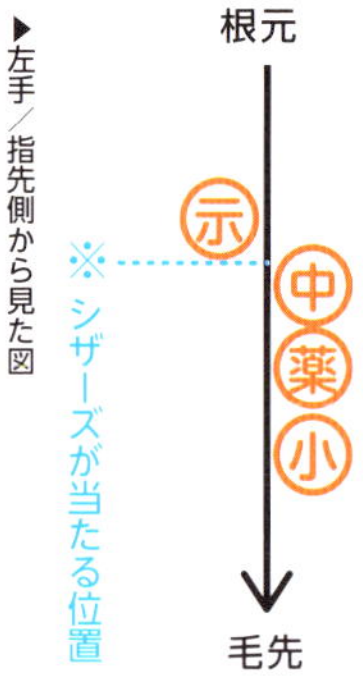

01  シザーズの静刃を左手・中指の指の腹にあてる。

02 反対側から見たところ。左ひじを意識して上げ、腕は床と平行に。指先も伸ばし、シザーズも床と平行に。

● 手の内側でカットする場合の持ち方②　床に垂直にカット

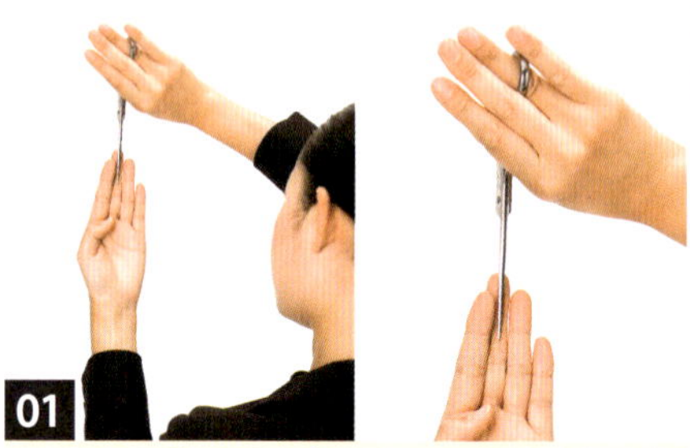

01 左ひじを下げ、シザーズの刃先を下に向けて持つ。左手・中指にシザーズをあて、安定させる。

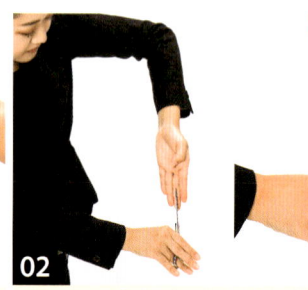

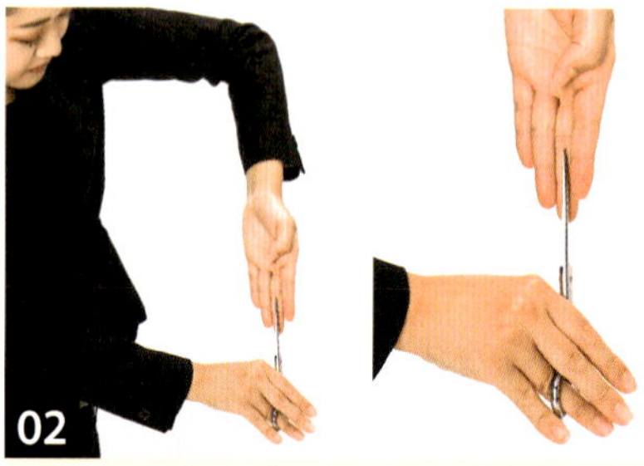

02 左ひじを上げ、シザーズの刃先を上に向けて持つ。左手・中指にシザーズをあて、安定させる。

● 手の背面でカットする場合の持ち方①　床と平行にカット

▶左手／指先側から見た図

毛先 ← 示・中・薬・小 → 根元
※シザーズが当たる位置

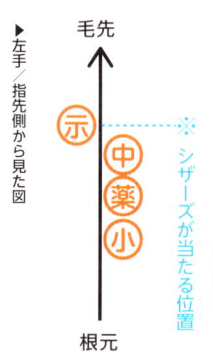

01 左ひじを上げ、腕を床と平行にする。シザーズを持つ右ひじを上げ、シザーズを正しく持つ（手首の角度に注意）。静刃は示指の背面にあてる。

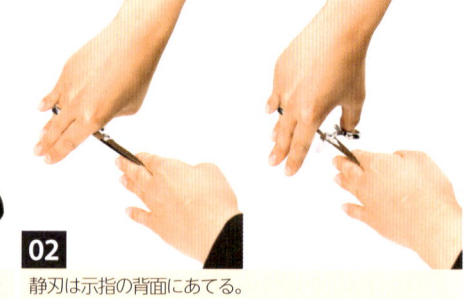

02 静刃は示指の背面にあてる。静刃を安定させ、動刃のみを動かす。

● 手の背面でカットする場合の持ち方②　床に垂直にカット

01 基本姿勢を元に、カットラインにあわせてひじを上げ（下げ）、身体の向きを変える。

実際にストランドを持ちカットする

床と平行にカット　　床と垂直にカット

32

● シザーズとコームを一緒に持って操作　コームスルーの時

01　**02**　**03**

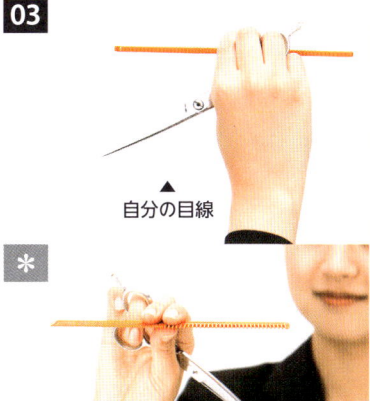

コームスルーの時のシザーズとコームの持ち方（自分の目線）。

▲自分の目線

＊反対側から見たところ。

シザーズから母指をぬき、小指、薬指でシザーズをしっかりにぎる（刃が開かないように）。

母指、示指、中指でコームを持つ。

● コームを左手にあずけてカット

01　**02**　**03**

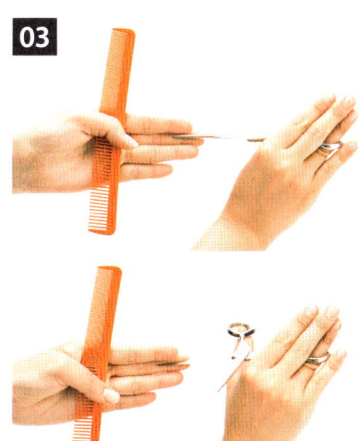

静刃を中指にあてて安定させ、動刃のみを動かし、カットする。

左手、母指でコームを持つ。

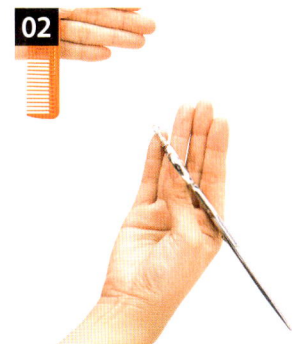

右手・母指を、シザーズの母指孔にかける。

● フリーハンドでカット

コームを左手で持ち、ピボットを下から支えてシザーズを固定し、開閉する。

1 入門　2 初級　3 基礎

1-4 ブロッキングのとり方

INTRO-DUCTION

● 基本の4ブロックの分けとり方　●フロント　●サイド　●バック

1 入門
2 初級
3 基礎

● 基本の4ブロックの分けとり方

○ 毛髪には、均一に水分を含ませておく（ウェット状態）。
○ コームでオールバックにとかしておく（毛流が頭の丸みにそって、真っ直ぐ下に落ちるように）。

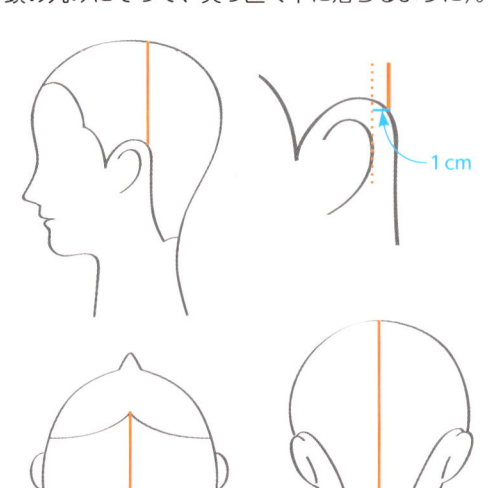

1 cm

● **フロント**　センターパートをとり、左右に分ける。

01 額の中央にコームをあて、G.P くらいまで、コームをあたまの丸みにそって一気に動かす。

02

03 左手・示指で、スライスの終点を押さえ、

04 毛髪を左右に振り分ける。

05 頭の丸みにそってコームを動かしシェープ。

06 センターパートに分けたところ。

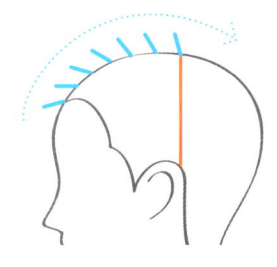

コームの入れ方

● **サイド** イヤー・ツー・イヤー パートで前後に分ける。

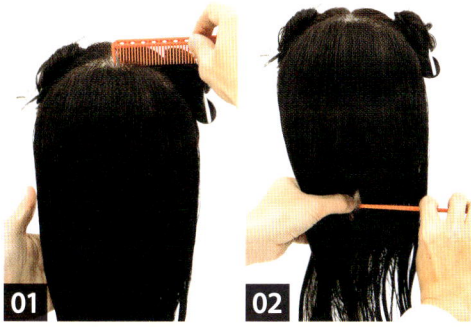

01
02 毛流が真っ直ぐ下に落ちるように整えた状態で、コームを T.P から E.P に向かって、頭の丸みにそって一気に動かす。
03 フロントとバックに分ける。
04 フロントは、もみあげの近くにシェープし、

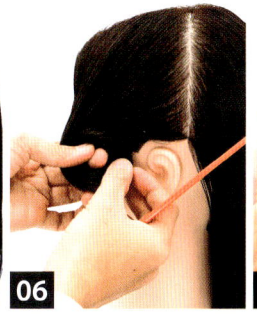

05 毛先をまとめ、
06 指先に巻きつける。
07 できたループを、手首をひねり上げるようにしてブロックの中心におき、
08

09 ダッカールで止める。
10 反対側も同様。

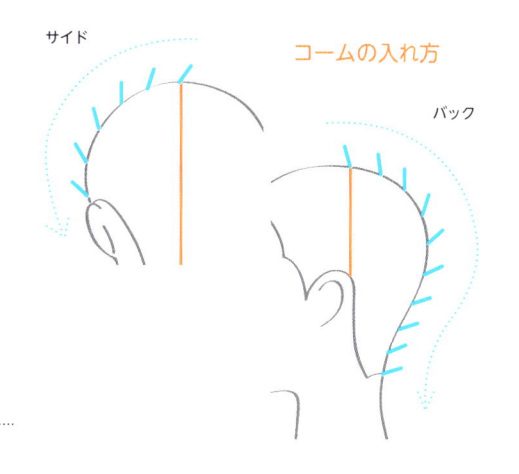

サイド　　コームの入れ方　　バック

● **バック** センターパートをとり、左右に分ける。

01 毛流が真っ直ぐ下に落ちるように整えた状態で、コームを T.P から N.P まで頭の丸みにそって一気に動かす。
02
03 左右に振り分け、ダッカールで止めておく。
04

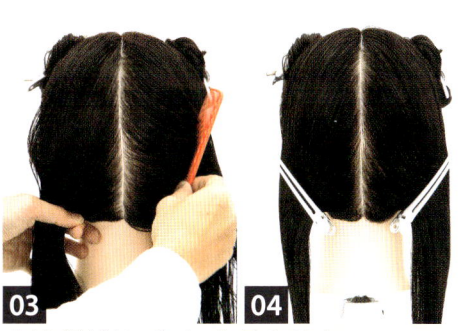

1 入門
2 初級
3 基礎

35

1-5 スライスのとり方

INTRODUCTION

- ホリゾンタルスライス
- バーティカルスライス
- ダイアゴナルスライス

1 入門
2 初級
3 基礎

● ホリゾンタルスライス　水平（床と平行）にスライスをとる

01 スライスをとりやすくするため、まず横へシェープし、毛流を水平に整える。

02 スライスしたい位置の始点に、コームの親歯をあて、

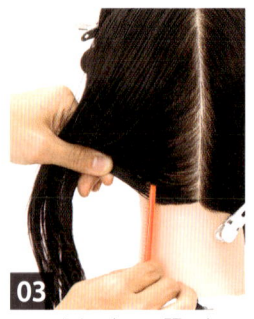

03 そのまま一気に、頭の丸みに合わせて水平にコームを動かし、

04 スライス線下の毛髪を下に落とし、毛流を整える。

● バーティカルスライス　垂直にスライスをとる

01 毛流が真っ直ぐ下に落ちるようにダウンシェープ。

02 スライスしたい位置の始点にコームの親歯をあて、

03 そのまま一気に、頭の丸みに合わせて真っ直ぐ下にコームを動かし、スライスする。

04

● ダイアゴナルスライス　斜めにスライスする

01 求めるスライス線の角度に合わせてシェープ。

02 スライスしたい位置の始点（毛の根元）にコームの親歯をあて、毛流に合わせてコームを動かしスライス。

03 分けとった毛髪をダウンシェープ。

04 第1セクションのスライス。

毛流の整え方 1-6

- アンダーセクション
- ミドルセクション

INTRODUCTION

[1] 入門
[2] 初級
[3] 基礎

● アンダーセクション

01 第1セクションを2cm幅でスライスしてある状態。

02 コームを左、右と交互に大きく動かし、毛流のクセをとる。

03

04 何回か繰り返す。

05 コームを、スライス線の根元から毛先まで真っ直ぐ下に動かし、毛髪が自然に落ちる位置にシェープする。

06

● ミドルセクション

01 スライスごとに、コームを左、右、下と大きく動かし、毛流のクセをとる

02

03

04 コームの刃先を寝かすようにして、スライス線の根元から毛先までしっかり梳かし、毛髪が自然に落ちる位置にシェープする。

05

06

37

初級編

2 初級

2-1 指ではさんでカット 40

2-2 コームスルーでカット 41

2-3 フリーハンドでカット 42

2-4 オーバーダイレクションでカット 44

2-5 エレベーションによるカット 45

2-6 上下角45°で引き出しカット_1 46

2-7 上下角45°で引き出しカット_2 47

2-8 オンベースに引き出しカット 48

2-9 オンベースで頭の丸みに合わせてカット 50

2-10 真後ろに引き出しカット 52

2-11 上下角90°オーバーダイレクションでカット 53

2-12 真上に引き出しカット 54

2-1 指ではさんでカット

ELEMENT
● ワンレングスカット
○ ホリゾンタルスライス　○ ノーテンション

1 入門
2 初級
3 基礎

01 
第1セクションを、ホリゾンタルに2cm幅で分けとり、※毛髪が自然に落ちる位置にシェープ。

02 
ストランドにテンションがかからないよう注意しながら、ストランドのセンターを、示指と中指で軽くはさむ。

03 
センターをスライス線と平行にカット。

※自然に落ちる位置とは？
毛髪が自然に落ちる位置というのは「物を落とした時の動き」そのものである

▼ストランドの状態

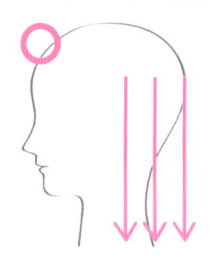

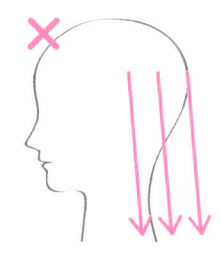

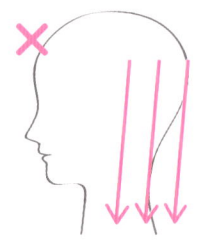

04 
続いて両側をカット。※頭の丸みに合わせて、毛髪が自然に落ちる位置でカット。

05 
左右の長さをチェックする。第2セクション以降は、第1セクションをガイドにカットをすすめる。

06 
セクションが上がると幅が出るので、髪が自然に落ちる位置をよく確認すること。

※頭の丸みに合わせてカット

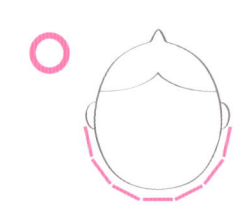

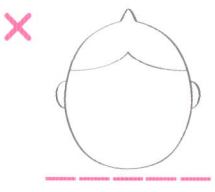

07 
ストランドにテンションがかからないように注意しながら、センターから、ガイドに合わせてカット。

08 
トップまでカットをすすめる。

09 
カット終了。

コームスルーでカット 2-2

ELEMENT

● ワンレングスカット
○ ホリゾンタルスライス ○ ノーテンション

01 第1セクションをホリゾンタルにスライス（2cm幅）。テンションがかからないようにコームの粗歯を使って根元からシェープ。

02 シェープする時は、コームを、根元から毛先まで真っ直ぐ下ろす。

03 レングスを決め、コームをカットラインのすぐ上で水平に保ち、センターをコームに合わせてカット。

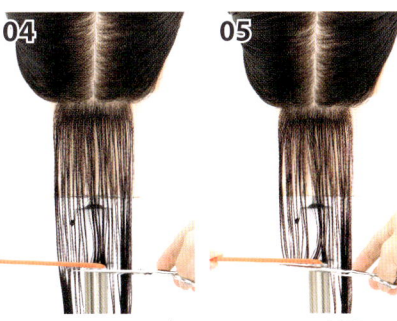

04 センターの延長で、左側も首の丸みに合わせながらカット。

05

06 右側も同様に、首の丸みに合わせながらカット。

07 左右の長さをチェックする。

08 第1セクションのカット終了。

09 第2セクションは第1セクションをガイドにカット。

10 テンションがかからないように、またコームでストランドを押さないように注意してカットすること。

11 両側はセンターの延長で、*毛髪が自然に落ちる位置*をよく見ながらカット。

12 セクションがトップに近づくに従い、セクションの幅が出てくるので、*頭の丸みに合わせて*回り込むようにカットする。

13 コームを寝かせるようにすると、毛髪の根元にしっかり歯先が入る。

14 最後のセクション。自然に落ちる位置にシェープし、カット。

15

1 入門
2 初級
3 基礎

2-3 フリーハンドでカット

ELEMENT
- ワンレングスカット
- ホリゾンタルスライス
- ノーテンション

1 入門
2 初級
3 基礎

01 第1セクションをホリゾンタルスライス（2cm幅）。レングスを決め、センターからカットしていく。
（スライス線／カットライン）

02 シザーズの*ピボットを中指で下から支え、シザーズを水平に保ちながらセンター部分をカット。
（ピボット）

03 毛髪が自然に落ちる位置をよく見ながら、センターの延長で、その左側をカット。

***ピボット＝要（かなめ）、ネジ部分**
シザーズの支点となる部分。シザーズの、動刃側と静刃側の2枚を合わせ止めている中心のポイント
> p.29〈シザーズの各部名称〉

04 右側も同様に、スライス線と平行に、毛髪が自然に落ちる位置でカット。

05 第1セクションのカット終了。

06 左右の長さをチェック。

07 第2セクションを、第1セクションと平行にホリゾンタルスライス（2cm幅）。

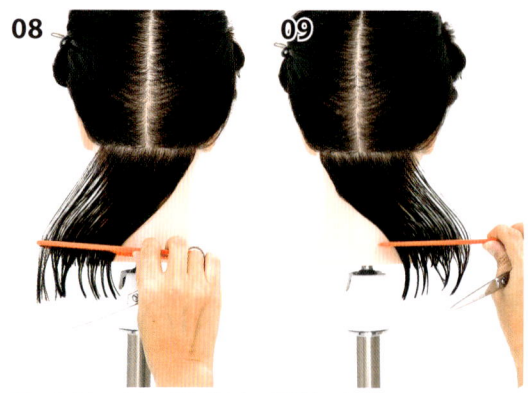

08 コームを左、右と、横に動かして毛髪のクセをとる。

09 さらに真っ直ぐ下にとかして毛流を整える。

10 さらに真っ直ぐ下にとかして毛流を整える。

11 第1セクションをガイドに、センターからカット。

12 その延長で両側をカット。

13 ミドルセクション。セクションが上がると、横幅が広くなる。

横幅

14 同時に、奥行き（丸み）が加わるので、毛髪が自然に落ちる位置を確認しながら、頭の丸みに合わせてカットをすすめる。

奥行き

15

16 トップセクション。横幅が広くなる。

17 同時に、奥行きもあるので、頭の丸みに合わせて、回り込むようにカットする。

18

19 トップまでカット終了。

*** Note ***

2-4 オーバーダイレクションでカット

ELEMENT

- ● グラデーション
- ○ ホリゾンタルスライス ○ オーバーダイレクション

1 入門 / 2 初級 / 3 基礎

＊パネル状

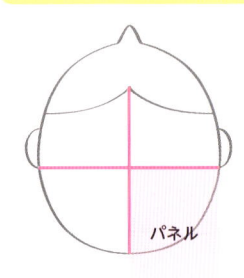

パネルとは、小さな一片の板、布の意。分けとって引き出した毛髪を平らな板状に整えた状態、平面的な板状のストランドの状態

＊オーバーダイレクション

毛髪を自然に落ちる位置と異なる位置に引き出すこと、また、ある位置に集めること
> p.22

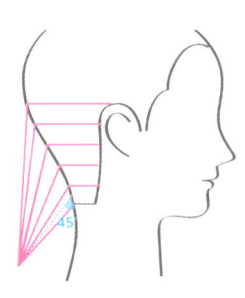

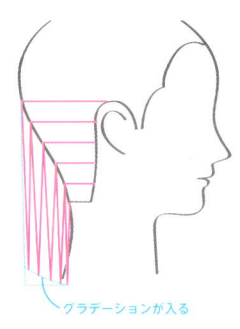

01 第1セクション。ストランドを引き出す角度は上下角45°。

02 真後ろに、＊パネル状に引き出してカット。ガイドとなる第1セクションのカット終了。

03 第1セクションに第2セクションを合わせ（＊オーバーダイレクション）、第1セクションをガイドにカット。

04  第3セクション以降もすべて、第1セクションにオーバーダイレクションさせてカットする。

05 第4セクション。セクションが上がっても、カットする位置は変わらない。

06 最後のセクション。セクションがすすむに従って、カットするストランドの幅が広くなる。

07 ストランドの幅が広いので、一気にカットせず、パネル状を保ったまま、左手を横に移動させてカット。カット終了。

08

09 ホリゾンタルスライス、オーバーダイレクションでカットした状態（グラデーションが入る）。

エレベーションによるカット　2-5

ELEMENT

○ ホリゾンタルスライス　● グラデーション
　　　　　　　　　　　　○ エレベーション

1 入門　2 初級　3 基礎

01 ネープ・左サイド／第1セクションをホリゾンタルにスライス（2cm幅）。

02 ストランド上部の角度を45°に引き出す。

03 ストランドを、真後ろに、*パネル状に引き出しカット。

04 第1セクションのカット終了。

05 第2セクションは、ストランド上部の角度が45°になるよう*エレベーションさせ、第1セクションをガイドにカット。

06

07 第3セクションも、ストランド上部の角度が45°になるよう*エレベーションさせ、第2セクションをガイドにカット。

08

09 以降同様に、ストランド上部の角度が45°になるよう*エレベーションさせ、1つ前のセクションをガイドにカットする。

10 セクションが上がると、ストランドに幅が生じ、毛束が集まりやすいので注意。つねに*パネル状に引き出しカットする。

11 エレベーションによるカットの状態（グラデーション）。

＊ **エレベーション**
毛髪を持ち上げながらカットする技法（リフト、リフティング）＞ p.23

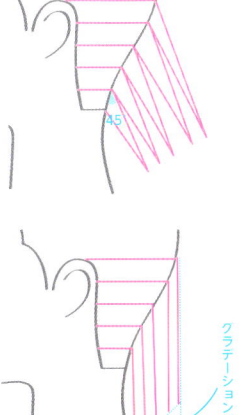

グラデーションが入る

45

2-6 上下角45°で引き出しカット_1

ELEMENT
- グラデーション
- バーティカルスライス　オーバーダイレクション　上下角45°

1 入門
2 初級
3 基礎

01 
第1セクション。
サイドを、2cm幅でバーティカルスライス。

02
第1セクションをオフベースに引き出し、上下角45°でシェーピング。

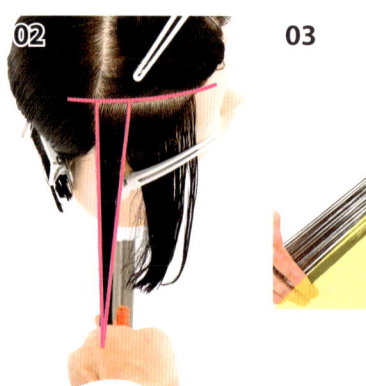

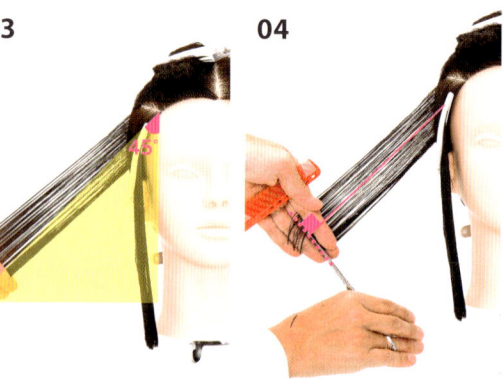

03

04
ストランドに対して直角にシザーズを入れ、カット。

05 
第2セクションもバーティカルにスライスし（2cm幅）、第1セクションに*オーバーダイレクションさせてカット（上下角45°）。

06 
第3セクションも同様に、第1セクションに*オーバーダイレクションさせてカット（上下角45°）。

07
第4セクション（フェイスライン）も同様に、第1セクションに*オーバーダイレクションさせてカット（上下角45°）。

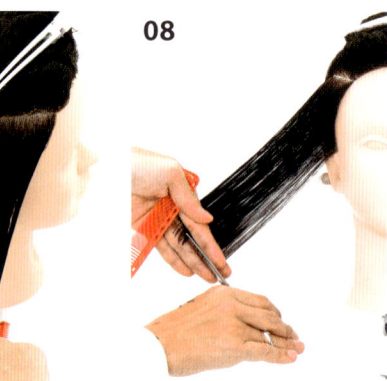

08

＊オーバーダイレクション／全てのセクションを第1セクションに引き寄せカット

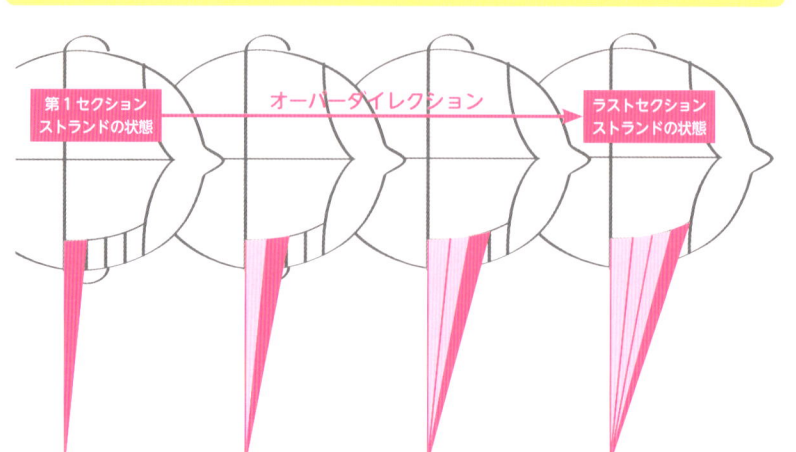

第1セクションストランドの状態　オーバーダイレクション　ラストセクションストランドの状態

09
ダウンシェープすると、後ろに引き寄せた分だけ、前が長くなることが分かる。 

46

上下角 45°で引き出しカット _2

○ バーティカルスライス　○ 左右角 90°　● グラデーション　○ 上下角 45°

2-7 ELEMENT

01 第1セクションをバーティカルにスライス（2cm幅）。

02 ストランドを引き出す角度は＊左右角 90°、上下角 45°。

03

04 ストランドに対して直角にシザーズを入れ、カット。

05 第2セクション。第1セクションをガイドに、2cm幅でバーティカルスライス。

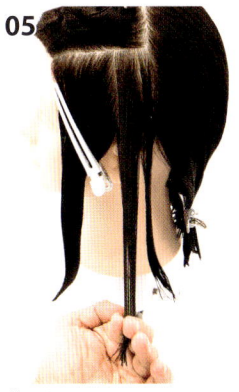

06 左右角 90°、上下角 45°に引き出し、カット。

07 第3セクション以降も同様に、1つ前のセクションをガイドに、左右角 90°、上下角 45°でカットをすすめる。

08 フェイスラインまでカット。

09 左右の長さをチェック。

10 カット終了。毛先にグラデーションが入る。

＊左右角 90°、上下角 45°

47

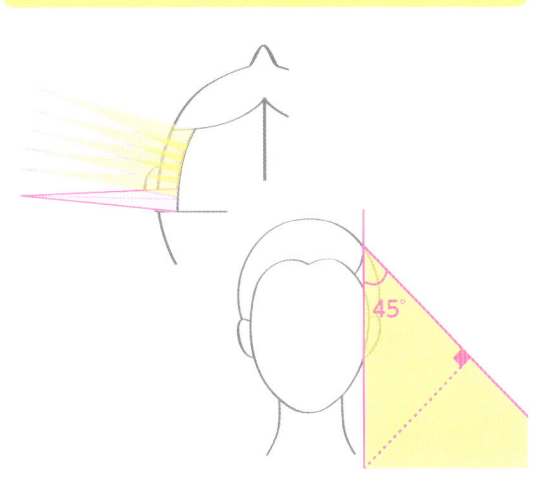

2-8 オンベースに引き出しカット

ELEMENT

- ● レイヤー
- ○ バーティカルスライス ○ オンベース ○ 頭の丸みを理解する

1 入門
2 初級
3 基礎

▼カットするブロックとスライス

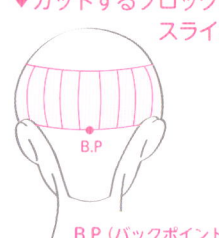

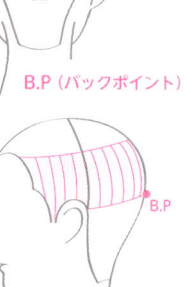

B.P
B.P（バックポイント）

01  ミドルエリア・バックセンターを2cm幅でバーティカルにスライス。

02 ストランドを＊オンベース（上下角90°、左右角90°）に引き出す。

03

04 ストランドを左手の示指と中指で直角にはさみ、ストランドに対して直角にシザーズを入れ、カット。

05 第1セクションのカット終了。

06 第2セクションも同様に、オンベース（左右角90°）、

07 床と平行（上下角90°）に引き出し、第1セクションの1/2幅をガイドにカット。

*** Note ***

＊オンベース（上下角90°、左右角90°）

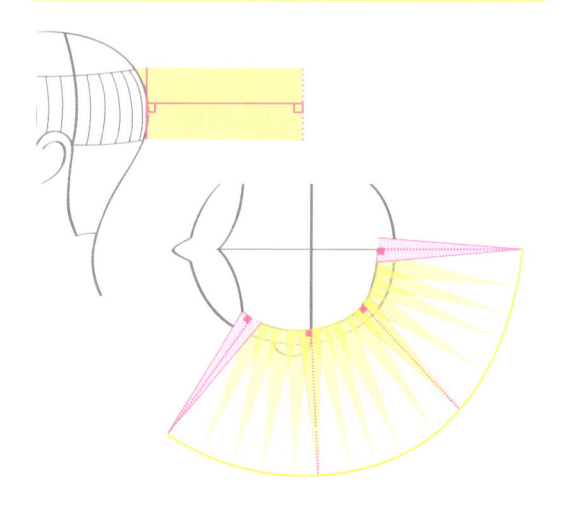

08	**09**	**10**	**11**	
第3セクション以降も、すべてオンベース（左右角90°）、	上下角90°を保ってカット。	頭の丸みを意識し、ストランドを引き出す角度に注意しながらカットをすすめる（左右角90°、上下角90°）。	E.E.Pラインまでカットする。	

12	**13**	**14**	**15**	**16**
サイド〜フロント 第1セクション。バック最後のセクションをガイドに、2cm幅でバーティカルスライス。オンベースに引き出しカット。	サイド〜フロント 第2セクション。オンベースに引き出し、第1セクションをガイドにカット。	サイド〜フロント 第3セクション。オンベースに引き出し、1つ前のセクションをガイドにカット。	サイド〜フロント 第4セクション。オンベースに引き出し、1つ前のセクションをガイドにカット。	サイド〜フロント 最後のセクション（フェイスライン）。ストランドはかなり前に引き出される。

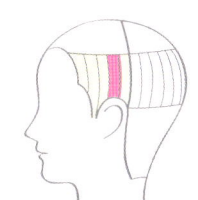

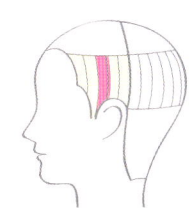

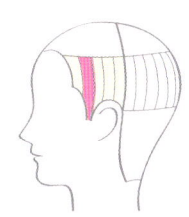

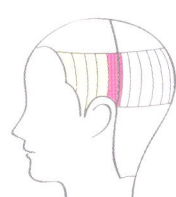

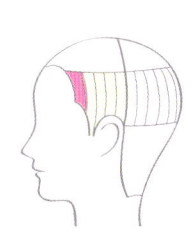

49

2-9 オンベースで頭の丸みに合わせてカット

ELEMENT
- レイヤー
- バーティカルスライス
- オンベース
- 頭の丸みを理解する

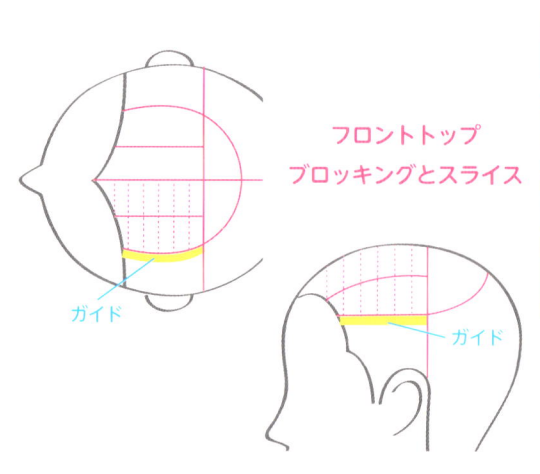

1 入門
2 初級
3 基礎

フロントトップ
ブロッキングとスライス

ガイド

01 左フロントトップを、上下2つにブロッキングし、上のブロックは止めておく。

02 下のブロックからカットしていく。ミドルセクションのレングスをガイドにとる。

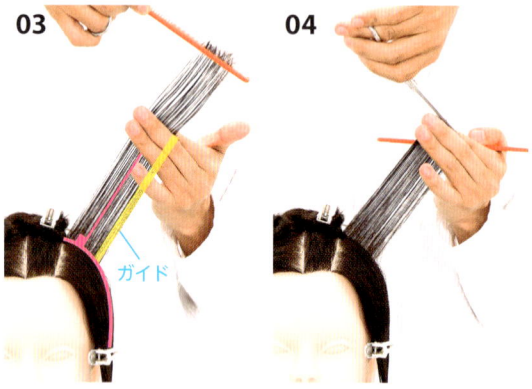

03 第1セクション。ストランドをオンベースに引き出し、ミドルセクションのレングスをガイドに、ストランドに対して直角にシザーズを入れ、カット。

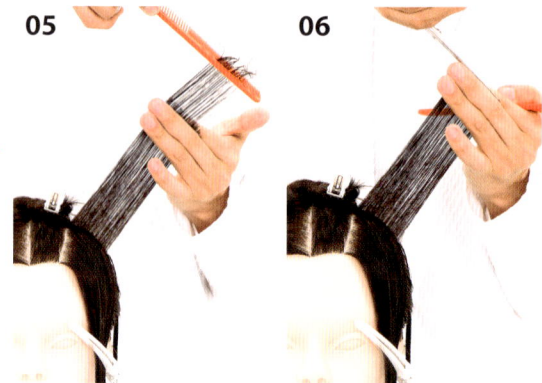

04

05 第2セクション以降も、ストランドをオンベース（頭皮に対して、左右角90°、上下角90°）に引き出し、ミドルセクションのレングスをガイドに、ストランドに対して直角にシザーズを入れ、カット。

06

07 ストランドはつねに、オンベース（頭皮に対して、左右角90°、上下角90°）に引き出し、ミドルセクションのレングスをガイドに、フェイスラインまでカットをすすめる。

08

09

10

50

11 上のブロック。下のブロック上部をガイドにとる。

12 第1セクション。ストランドをオンベースに引き出し、下のレングスをガイドに、直角にシザーズを入れ、カット。

ストランドの引き出し
▼
つねにオンベース

頭の丸み（前後の丸み、左右の丸み）をきちんと理解する

正面から見たところ

横から見たところ

13  第1セクションのストランドの引き出し。

14 第2セクション以降も同様に、ストランドをオンベースに引き出し、下のレングスをガイドにカット。

15 セクションがすすんでも、ストランドはつねに、オンベースに引き出す。

16 最後のセクション（フェイスライン）。ストランドはかなり前に引かれる。

1 入門
2 初級
3 基礎

2-10 真後ろに引き出しカット

ELEMENT
- ● レイヤー
- ○ バーティカルスライス ○ オフベース

1 入門
2 初級
3 基礎

01 第1セクション。2cm幅でバーティカルスライス。真後ろ（床と平行）に引き出し、バックセンターのレングスをガイドにカット。

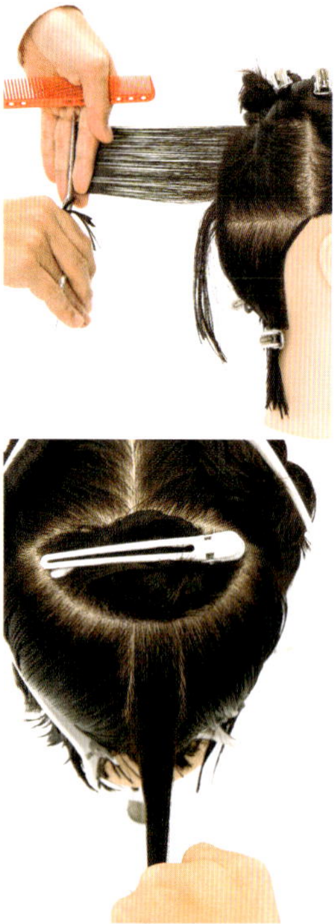

02 第2セクション。第1セクションと同様に、2cm幅でバーティカルスライス。真後ろ（床と平行）に引き出し、第1セクションをガイドにカット。

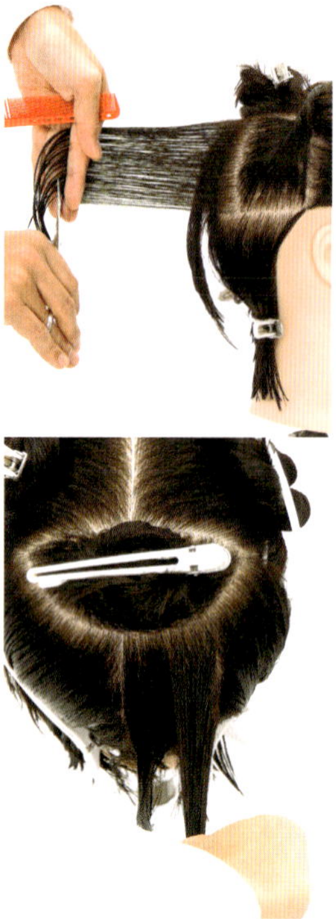

03 第3セクション以降も同様に、2cm幅でバーティカルスライス。真後ろ（床と平行）に引き出し、1つ前のセクションをガイドにカット。

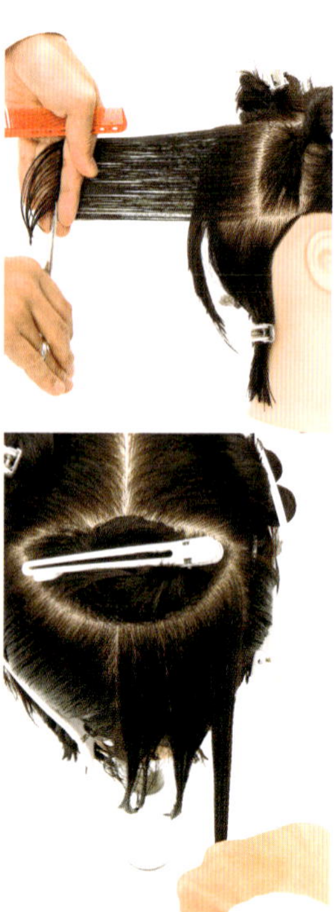

04 最後のセクション。ストランドは、つねに真後ろに引き出す。

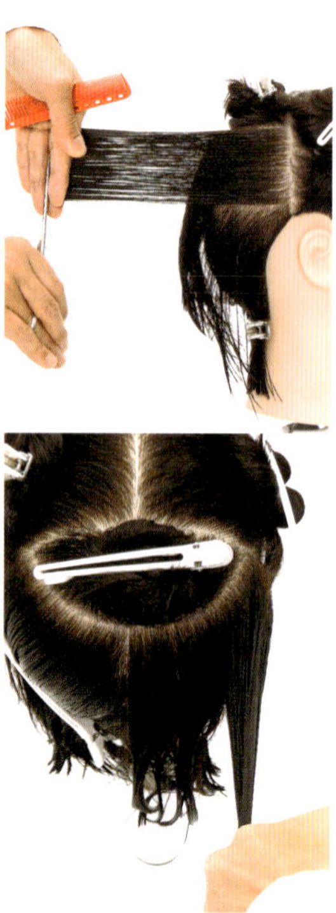

*** Note ***

ストランドの引き出しとカットライン

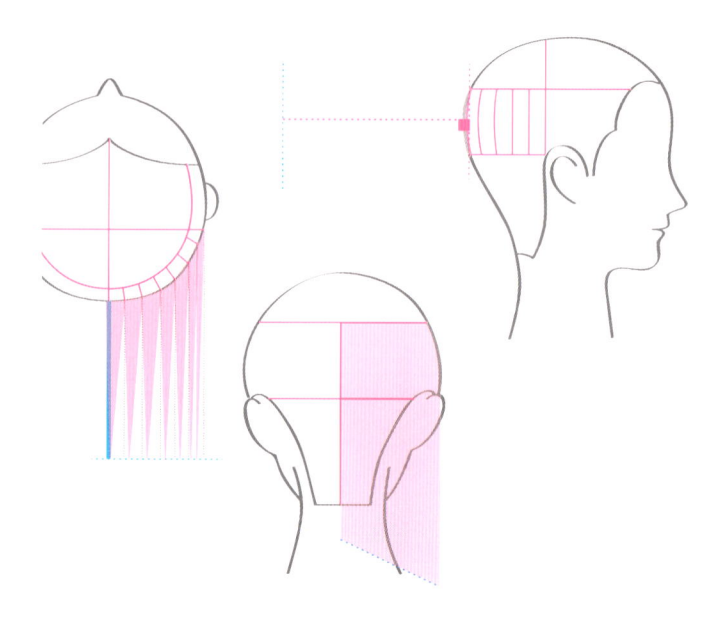

上下角90°オーバーダイレクションでカット

2-11 ELEMENT

● レイヤー
○ バーティカルスライス　○ オーバーダイレクション

1 入門
2 初級
3 基礎

ストランドの
引き出しとカットライン

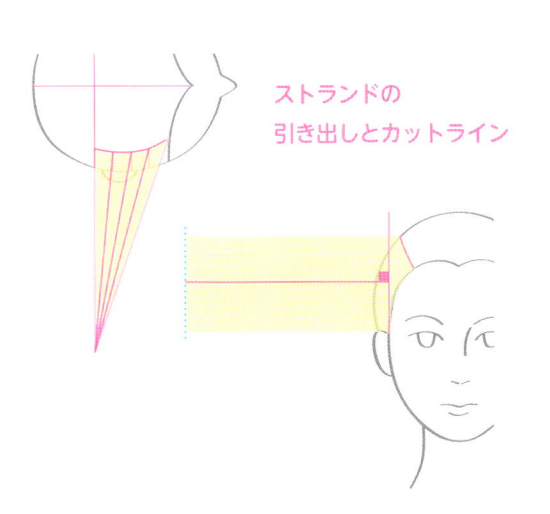

01

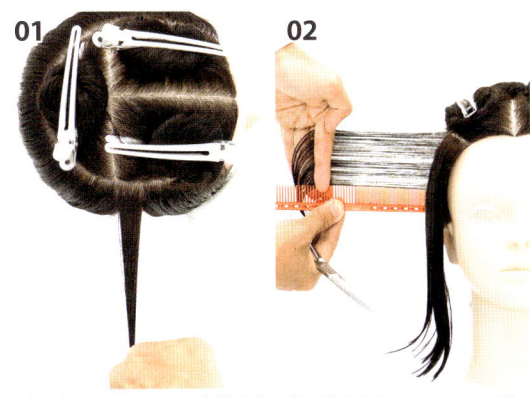

02
第1セクションは、左右角90°、上下角90°のオンベースに引き出し、レングスをコーム3/4の長さに設定。

03
ストランドに対して直角にシザーズを入れ、カット。

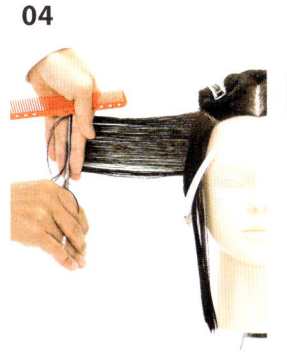

04
第2セクション以降は、上下角90°を保ったまま、第1セクションにオーバーダイレクションさせてカットする。

05

06
第3セクション。
上下角90°を保ったまま、第1セクションにオーバーダイレクション。

07

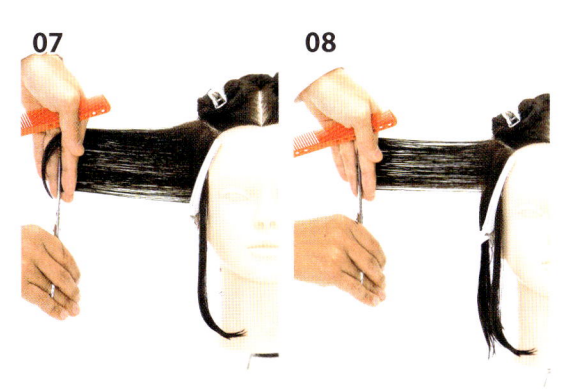

08
ストランドの幅（縦）が広い場合は、一気にカットできないので、数回に分けてカット。

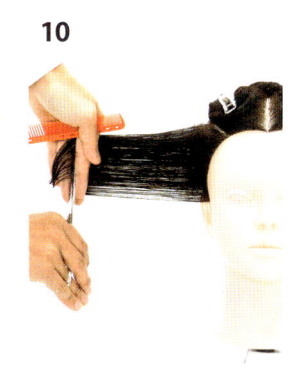

09

10
最後のセクション。
第1セクションにオーバーダイレクションさせ、上下角90°を保ったまま、カット。

53

2-12 真上に引き出しカット

ELEMENT
- ● レイヤー
- ○ バーティカルスライス　○ オフベース

1 入門
2 初級
3 基礎

01　02　03　04

第1セクション。真上に引き出し、水平にカット。ストランドの幅が広い場合には、数回に分けてカットする。

第2セクション以降も同様に、真上に引き出し、水平にカット。

最後のセクション（フェイスライン）。

*** Note ***

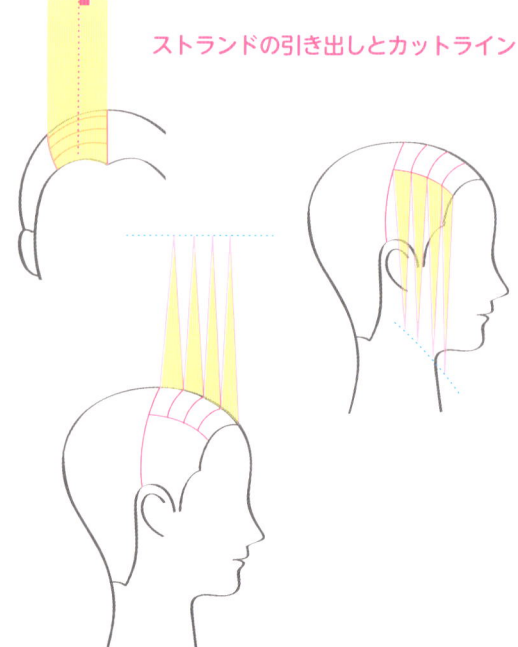

ストランドの引き出しとカットライン

基礎編

3 基礎

3-1 ワンレングス（水平）.................56

3-2 ワンレングス（前下り）..............60

3-3 ワンレングス（前上がり）..........63

3-4 バックグラデーション...............66

3-5 サイドグラデーション_1...........70

3-6 サイドグラデーション_2...........73

3-7 グラデーションボブ.................80

3-8 ラウンドグラデーション............85

3-9 スクエアレイヤー....................91

3-10 セイムレイヤー......................96

3-11 ロングレイヤー_1...................101

3-12 ロングレイヤー_2...................104

3-13 ボックスボブ.........................110

3-14 レイヤー on グラ....................114

3-15 レイヤー on レイヤー...............119

3-16 ブロー＆ドライ......................124

3-1 ワンレングス（水平）

ONE-LENGTH

Level : ★☆☆ （初級）
Key : ホリゾンタルスライス
ノーテンション

1 入門
2 初級
3 基礎
1

ワンレングスの中でも最もベーシックなスタイル

▷毛髪を自然に落ちる位置にシェープし、同一線上でカットする。
▷毛髪に余分な力を加えないように、ノーテンションでカットする。

スライス図

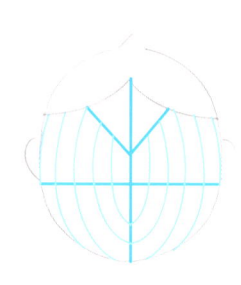

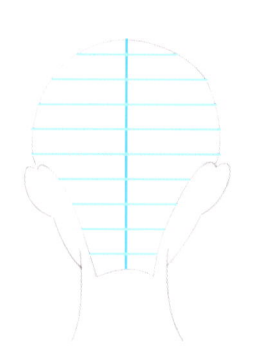

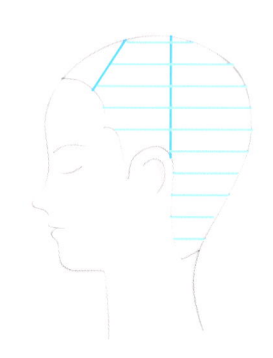

ブロッキング ▶ 基本の4ブロック	SIDE	BACK	FRONT
基本の4ブロックに分け、フロント部分は、あらかじめハの字型に分けとっておく。	耳後直上のE.E.Pでフロントとバックに分ける。	バックは、正中線で左右に分ける。	フロントはハの字型（トップセンターと目尻の直上点をつなぐ部分）にバングを分けとる。

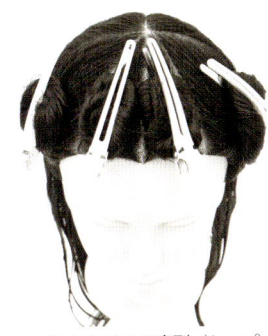

01 第1セクション（ガイド）を分けとる。
ネープを2cm幅・ホリゾンタルにスライスし、毛髪が自然に落ちる位置にシェープ。

02 ガイドの設定。
レングスを決め、まずセンターをカット。

03 両側をセンターのレングスに揃えて水平にカット。

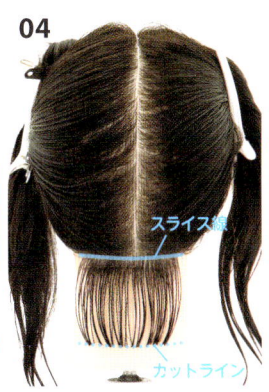

04 ガイドのカット終了。左右の長さをチェック（水平であること、カットラインはスライス線と平行）。

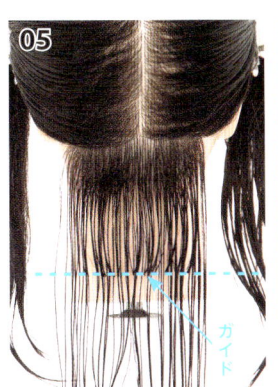

05 第2セクションも2cm幅・ホリゾンタルにスライス。

06 第1セクションで設定したガイドに合わせてカット。

07 両側も首の丸みに合わせて水平にカット。

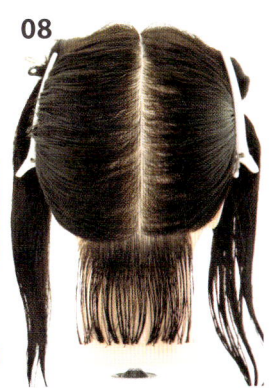

08 第2セクションのカット終了。

3-1 ワンレングス（水平）

ONE-LENGTH

1 入門
2 初級
3 基礎
1

09 第3セクション以降も同様に、ホリゾンタルに2cm幅でスライスし、ガイドに合わせてカットしていく。

10 サイドもバックからの延長で、ホリゾンタルにスライスし、毛髪が自然に落ちる位置にシェープ。

11 上に被さった毛髪は、切りすぎを防ぐため、一旦、ガイドよりも長めにカットしておく。

12 サイドは耳があるため、浮きやすいので注意（人間の場合）。

13 サイドのカット終了。

14 逆サイドもテンションがかからないように注意して、同様にカット。必要に応じてコームを使う。

15 両サイドの長さをチェック。

16 オーバーセクションも同様に、ホリゾンタルにスライスし、センターからガイドに合わせてノーテンションでカット。

17 サイドも同様に、ガイドに合わせてノーテンションでカット。

18 コームを使う場合は、ストランドを押さないように注意し、毛髪が自然に落ちる位置でカット。

19 逆サイドも同様にカット。

20 トップまでのカット終了。左右の長さを、再度確認。

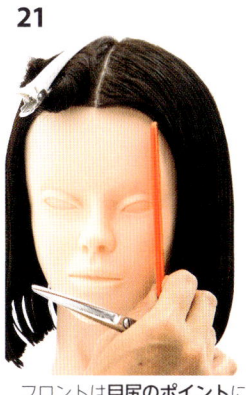

21 フロントは**目尻のポイント**に引き寄せてカット（顔が出るように）。

22 必要に応じてダックカールで止めておく。

23 フロントの毛先も、ガイドに合わせてカット。

24 反対側も同様にカット。

25 最後にチェックカットをして毛先をそろえ、仕上がり。

26 サイドから見た仕上がり。

スライスのとり方 ▶

スライスをとる部分の毛髪を、毛流の方向性がスライスの方向性と同じになるようによくシェープしておくと、きれいにスライスできる。

01 スライスをとる部分の毛髪を、毛流の方向性がスライスの方向性と同じになるようによくシェープする。

02 コームを、バックセンターのスライスしたい位置に当て、

03 バックセンターからフェイスラインまで、頭の丸みに合わせて平行に、一気に移動して、パートラインをとる。

3-2 ワンレングス（前下り）

ONE-LENGTH

Level：★★★（上級）　　Key：ダイアゴナルスライス（30°）ノーテンション

1 入門
2 初級
3 基礎
2

前下がりのラインがシャープな印象のスタイル

▷カットラインは常にスライスラインと平行。
▷スライスラインの角度は30°。ネープからトップまで同じ角度でスライス。
▷毛髪に余分な力を加えないように、ノーテンションでカットする。

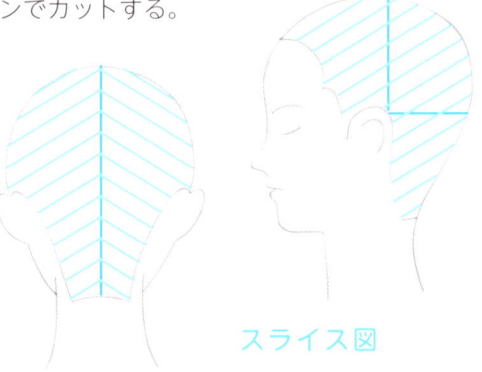

スライス図

| ブロッキング ▶ 基本の4ブロック

基本の4ブロックに分け、フロント部分は、あらかじめハの字型に分けとっておく。

SIDE

耳後直上のE.E.Pでフロントとバックに分ける。

BACK

バックは、正中線で左右に分ける。

FRONT

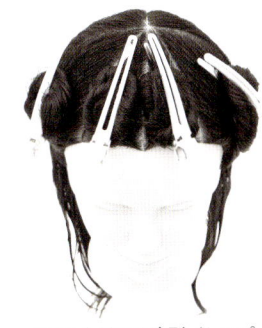

フロントはハの字型（トップセンターと目尻の直上点をつなぐ部分）にバングを分けとる。

01
第1セクション（ガイド）を30°の角度で分けとる。毛髪が自然に落ちる位置にシェープ。

02
ガイドの設定。
レングスを決め、スライスラインと平行（30°）にコームをあて、センターからカット。

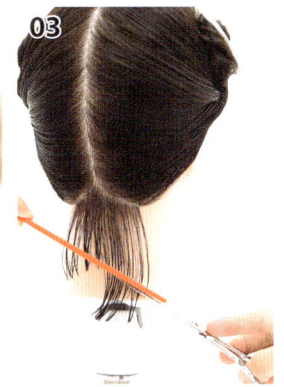

03
右側も同様にカット。

04
ガイドのカット終了。レングスをチェック（左右の長さ、カットラインはスライス線と平行）。

05
第2セクションを2cm幅・ダイアゴナルにスライス。

06
ガイドに合わせてカット。

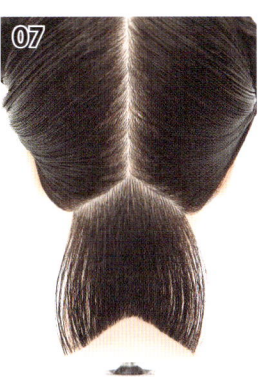

07
右側も同様にカットし、第2セクションのカット終了。

08
第3セクション以降も、2cm幅でダイアゴナルにスライスし、ガイドに合わせてカット。

3-2 ワンレングス（前下り）
ONE-LENGTH

09 E.P（イヤー・ポイント）までカット終了。

10 バックセンターからフロントに向かって、30°の角度でスライス。

11

12 毛髪を自然に落ちる位置にシェープし、正しい角度にスライスされているか確認。

13 サイドはバックのカットラインの延長線でカット。

14 反対側も同様にカットし、正面で、左右のレングスを確認。

15 以下、同様にカット。

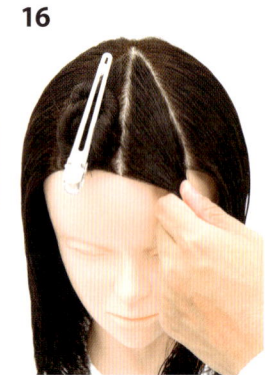

16 フロントは、奥行きがあるので数回に分けてカットする。

17 フロント・最後のセクションは、顔が出るように、目尻直上のポイントに引き寄せ、ダッカールで止める。

18

19 毛髪を自然に落ちる位置にシェープし、ガイドに合わせてカット。

20 カット終了。反対側も同様にカットする。

ワンレングス（前上がり） 3-3

Key： ホリゾンタルスライス　ノーテンション　**Level：** ★★★（上級）

ONE-LENGTH

1 入門
2 初級
3 基礎

3

前上がりの丸みのあるスタイル

▷毛髪に余分な力を加えないように、ノーテンションでカットする。

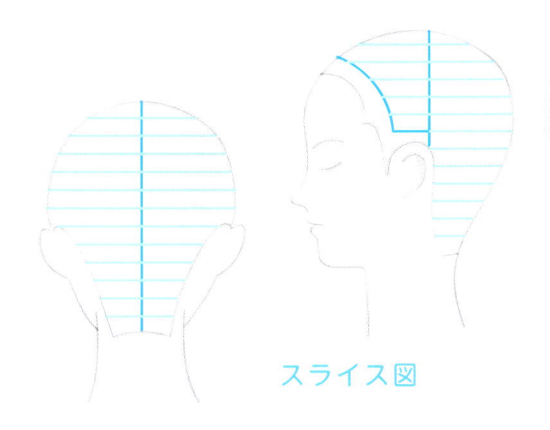

スライス図

ブロッキング ▶ 基本の4ブロック

3-3 ワンレングス（前上がり）
ONE-LENGTH

1 入門
2 初級
3 基礎

01 第1セクションを分けとる。ネープを2cm幅でホリゾンタルにスライスし、毛髪が自然に落ちる位置にシェープ。

02 ガイドの設定。レングスを決め、まずセンターをカット。

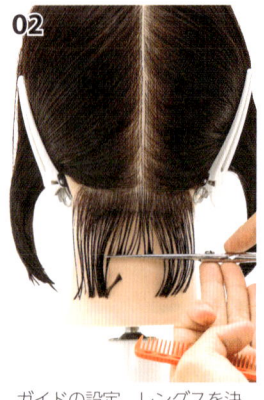

03 ガイド（第1セクション）のカット終了。

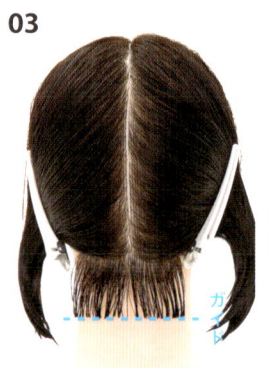

04 第2セクションも2cm幅でホリゾンタルにスライス。

05 毛髪が自然に落ちる位置にシェープし、ガイドに合わせてカット。

06 頭の丸みにそってノーテンションでカット。

07 第3セクション以降も同様に、ガイドに合わせてカット。

08 トップは特に、毛髪が自然に落ちる位置を意識してシェープし、カット。

09 バックのカット終了。

10 第1セクションをフェイスラインにそってスライス（2cm幅）し、カットライン※を確認。

※ サイド〜フロントのアウトラインは、バックのレングスから口角に向かう、前上がりのラインに設定。

11 フロントの毛髪は立ち上がりやすいので、切りすぎを防ぐためにも、一度、少し長めにカットする。

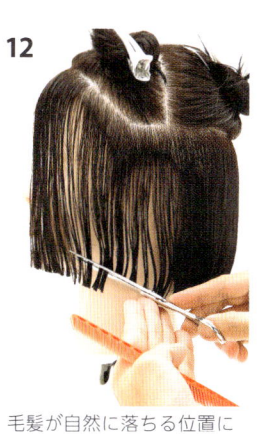

12 毛髪が自然に落ちる位置にシェープし、バックのレングスから口角に向かってカット。

13 左サイドのアウトラインのカット終了。

14 反対側も同様に、フェイスラインにそって2cm幅でスライスし、毛髪が自然に落ちる位置にシェープ。

15 バックのレングスから口角に向かう前上がりのカットラインを確認。
必要に応じて、コームを使いカットする。

16 毛髪が自然に落ちる位置を確認しながら、オンザスキンでカット。

17 ガイドとなるアウトラインのカット終了。

18 第2セクション以降は、ホリゾンタルにスライス。

19 アウトライン（ガイド）に合わせてカット。

20 以下同様に、トップまでカットをすすめる。

21 反対側も同様にカットする。

22 カット終了。右サイドの仕上がり。

23 フロントの左右をつなげ、ゆるやかなアウトラインを描くように仕上げる。

3-4 バックグラデーション

GRADATION

Level : ★☆☆（初級）　　Key : ダイアゴナルスライス（30°）テンション

重さ、奥行きのある前下りのグラデーションスタイル

▷ぼんのくぼから、みつえりに向かって、前下がり30°の角度でスライス。トップまで第1セクションのスライスラインと平行にスライスする。

▷第2セクション以降は、前のセクションをガイドに、ストランドをパネル状に引き出し、テンションを均一に保って、指ではさみカット。ストランドを引き出す角度に注意。

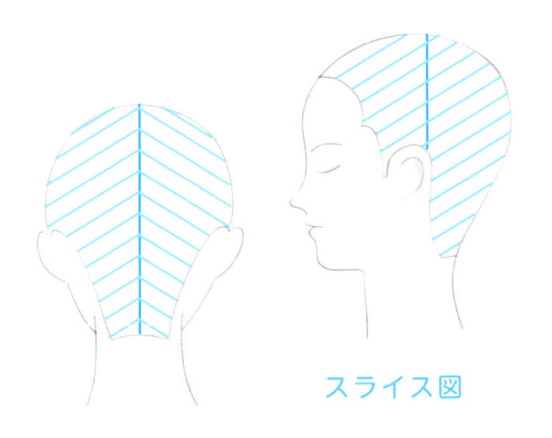

スライス図

ブロッキング ▶ 基本の４ブロック

SIDE　**BACK**

耳後直上の E.E.P でフロントとバックに分ける。フロント〜バックは、**正中線で左右**に分ける。

01
第１セクションを ＊30°の角度で分けとり、ガイドを設定。⇒ p.60＞ワンレングス（前下り）技術解説 01〜04 参照

02
バック左側／第２セクションのカット。第１セクションのスライス線と平行に、2cm幅でスライス。

03
根元からパネル状にシェープして、ガイドに合わせる。

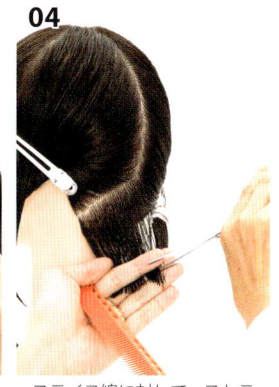

04
スライス線に対して、ストランドを直角に引き出し、指ではさんで、オーバーダイレクションでカット。

05
第２セクションのカット終了。

06
第３セクション以降も同様に、スライス線と平行に、2cm幅でスライスし、根元からパネル状にシェープ。

07

08
スライス線に対してストランドを直角に引き出し、オーバーダイレクションでカット。

3-4 バックグラデーション

09 ミドル〜オーバーセクションは、幅が広く一度にカットできないので、数回に分けてカット。

10 ストランドを引き出す角度は常に一定。

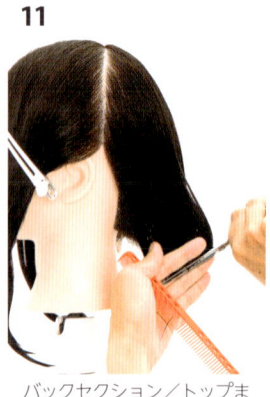

11 バックセクション／トップまでカットをすすめる。幅が広くなるので数回に分けてカット。ストランドを引き出す角度は常に一定。

12 バックセクション／左側のカット終了。

13 反対側も同様に、トップまでカットをすすめる。

14 ストランドを引き出す角度は常に一定。

15 バックセクション／右側のカット終了。

16 サイドも30°の角度でスライスし、バックまで、その延長線上でスライス。

17 ストランドはスライス線に対して直角に引き出す。

18 バックのストランドをガイドに、数回に分けてカット。

19 左サイド／アウトライン（ガイド）のカット終了。

20 右サイドも同様に、ストランドをスライス線に対して直角に引き出し、数回に分けてカット。

21 右サイド／アウトライン（ガイド）のカット終了。

22 左右のレングスを確認。

23 左サイド／第2セクションも30°の角度でスライスし、ストランドをスライス線に対して直角に引き出す。ストランドの幅が広いので、数回に分けてカットする。

24

25 カットラインはスライス線と平行になる（30°）。

26 以降、同様の手順で、スライス、シェープ、カットを繰り返す。

27 トップまでカット。

28 右サイド／第2セクション以降も同様の手順で、スライス、シェープ、カットを繰り返す。

29 トップまでカットをすすめる。

30 右サイドのカット終了。

31 左右のレングスを確認し、カット終了。

3-5 サイドグラデーション_1

GRADATION

Level : ★☆☆ （初級）

Key : ダイアゴナルスライス（30°）、テンション オーバーダイレクション（パネル状）

重さ、奥行きのある前上がりのグラデーションスタイル

▷サイドの第1セクションを、E.P(イヤーポイント) とK.P(こめかみポイント) を結ぶ、30°の角度でスライス。
▷スライス線に対して直角にストランドを引き出し、ストランドに対して直角にカット。

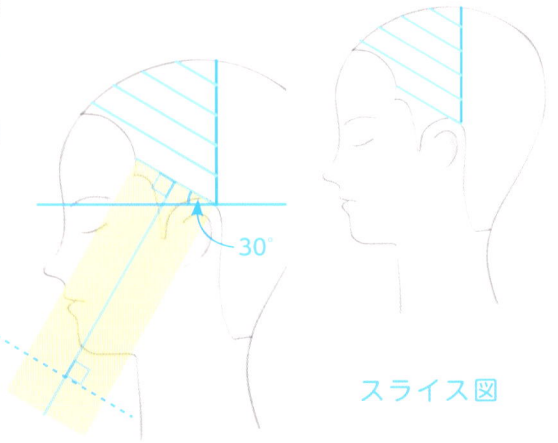

スライス図

ブロッキング ▶ 基本の4ブロック

SIDE **BACK**

耳後直上のE.E.Pでフロントとバックに分ける。フロント〜バックは、正中線で左右に分ける。

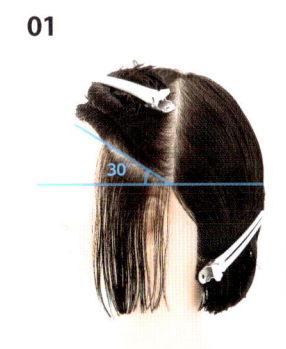

01
サイド／第1セクションを、E.E.P（イヤーポイント）とK.P（こめかみポイント）をつなぐ30°のラインでスライス。

02
スライス線に対して、直角にストランドを引き出す。

03
E.Pのレングスをガイドに、ストランドに対して直角（スライス線と平行）にカット。

04
ガイドとなる第1セクションのカット終了。

05
第2セクションは、第1セクションのスライス線と平行に、E.E.P（イヤーツーイヤーパート）からフロントセンターまで2cm幅でスライス。

06
スライス線に対して直角にストランドを引き出し、第1セクションのカットラインをガイドに、オーバーダイレクションさせてカット。

07
コーナーの部分からフロントにかけては、ストランドをサイドの延長線上にパネル状に引き出し、カット。

08
ストランドのパネル状の引き出し具合を、前から見たところ。

3-5 サイドグラデーション_1
GRADATION

09 第3セクション以降も同様に、オーバーダイレクションさせてカット。

10 引き出すストランドの角度に気をつけて、数回に分けてカット。

11 トップまで、同様の手順でカットをすすめる。

12 最後のセクションは、目安となるスライス線がないので、1つ前のセクションのストランドの引き出しと同じ方向にシェープして、カット。

13 左サイドのカット終了。

14 右サイドも同様に、スライスの角度（30°）とストランドを引き出す角度（スライス線に対して直角）に注意して、カット。

15 右サイド／第1セクションのカット終了。

16 第2セクションを第1セクションのスライス線と平行に2cm幅でスライスし、スライス線に対して直角にストランドを引き出し、カット。

17 第3セクション以降も同様にスライス、シェープし、オーバーダイレクションさせてカット。

18 最後のセクションは目安となるスライス線がないので、1つ前のセクションのストランドの引き出しと同じ方向にシェープして、カット。

19 右サイドのカット終了。

20 仕上がり。

サイドグラデーション_2

3-6 GRADATION

Key： ワンレングス、エレベーション、オーバーダイレクション
Level： ★★☆（中級）

グラデーションで丸みのある重さを出したスタイル

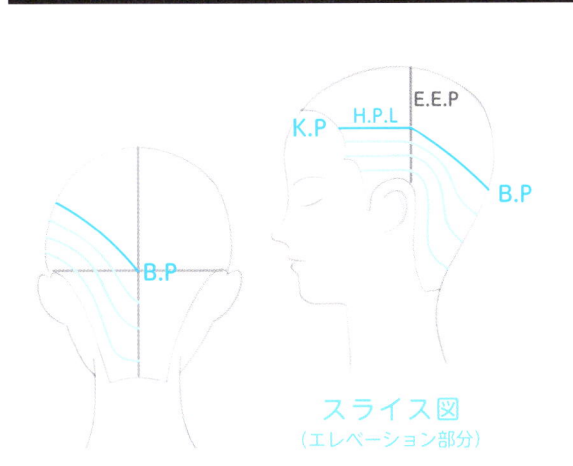

▷ワンレングス、エレベーション、オーバーダイレクション…と、カットする時のストランドの角度を段階的に変化させて、重みを残しながら、幅の広いグラデーションを入れていく。

▷頭の丸みに合わせてスライスをとる。

スライス図
（エレベーション部分）

3-6 サイドグラデーション_2

GRADATION

ブロッキング

エレベーションしてカットする部分と、オーバーダイレクションでカットする部分を、ブロッキングしておく。

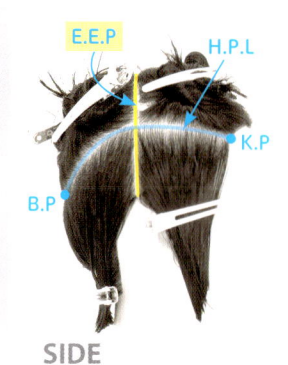

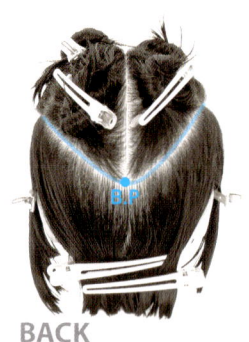

SIDE / **BACK**

耳後直上の E.E.P（イヤーツーイヤーパート）でフロントとバックに分ける。
フロントは H.P.L（ハイポイントライン）、バックは B.P（バックポイント）で上下に分ける。

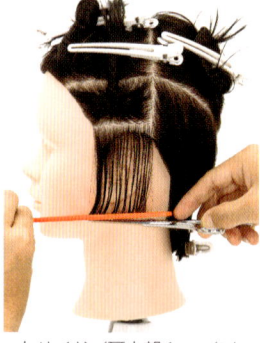

01
左サイド／耳上部1cmをホリゾンタルにスライス。レングスを耳たぶ下部1cm位に決め、スライス線と平行にカット。

02
第1セクションのカット終了。

03
右サイドも同様に、耳上部1cmをホリゾンタルにスライスし、レングスを耳たぶ下部1cm位に決め、スライス線と平行にカット。

04
左右のレングスを確認。

05
第2セクションも、第1セクションのスライス線と平行に、1cm幅でスライス。

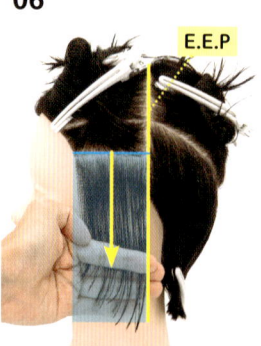

06
ストランドを E.E.P と平行に引き出し、上下角45°を確認。

07

▼フロントサイド ストランドの引き出し

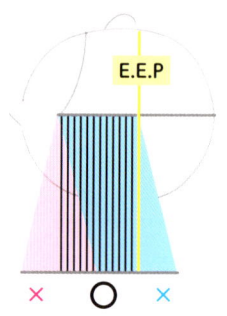

○= E.E.P と平行に引き出す

08 
H.P.L（ハイポイントライン）までホリゾンタルにスライスし、セクションごとに※エレベーションしてカット。

09 
シェープが前後にずれないように注意。

10 
E.E.P（イヤーツーイヤーパート）の位置や、頭全体を見ながらカットをすすめる。

11 
H.P.Lまでのカット終了。

12
右サイドも同様に、ストランドが前後にずれないように注意しながら、※エレベーションでカット。

13

14 
H.P.Lまでのカットが終了。左右のグラデーションの幅を確認する。

※エレベーション

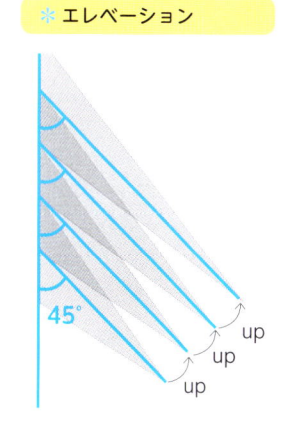

45°
up
up
up

15
バックのカット。ヘムラインにそって1cm幅でスライス。毛髪を自然に落ちる位置にシェープ。 

16 
アウトラインは、※みつえりのポイントからフロントサイドの右端へつなげる。

カット

17 
コームや首の角度に注意しながらカットをすすめ、ヘムラインのカット終了。

※みつえり

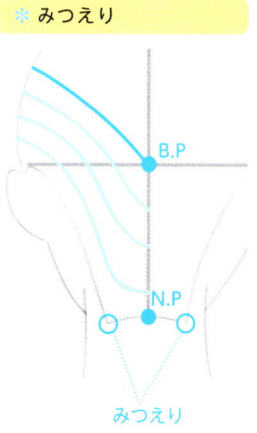

B.P
N.P
みつえり

75

3-6 サイドグラデーション_2

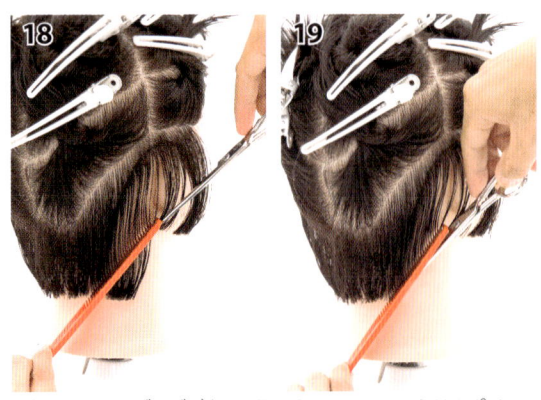

18
右サイドはシザーズが上から下に入るので、みつえりのポイントに注意し、サイドの左端からみつえりの右端に向かって、切り込み過ぎないようにカット。

19

20
右サイド・ネープまでのカット終了。

21
左サイド・第2セクションのスライス線の高さに合わせて、バックをヘムラインにそってスライス。

22
サイドのエレベーションの角度を確認（左右角0°、上下角45°）。

23
サイドのエレベーションの角度に合わせて、バックのストランドを引き出し、シェープ。

24
角度に注意しながら、頭の丸みに合わせてストランドを引き出し、ガイドに合わせてカット。

25
特にネープ付近は、頭の丸みが強いので、ストランドの引き出しに注意する。

26
コーナー（コンベックス）を削りながらカットをすすめる。

27

28
第3セクションもサイドの第3セクションのスライス線の延長でスライス。

29
サイドのエレベーションの高さに合わせて、ストランドをエレベーション。

30 ネープまで、ガイドに合わせてカット。ストランドは頭の丸みに合わせて引き出すこと。

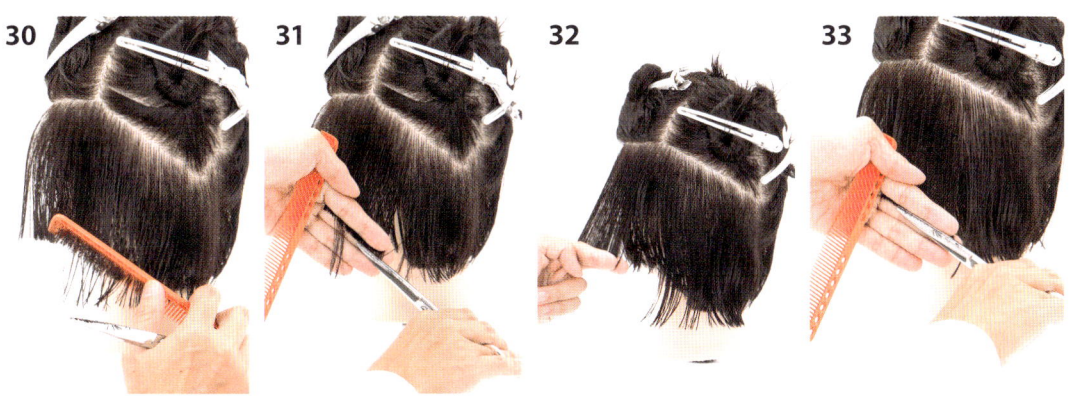

31

32 最後のセクションも同様に、サイドのエレベーションに合わせて引き出し、ガイドに合わせてカット。

33

34 左サイド／エレベーション部分のカット終了。

35 右サイド／バック・第2セクションのスライス。

36 サイドのエレベーションの高さを確認し、その高さに合わせてバックのストランドを引き出し、ガイドに合わせてカット。

37

38 ネープは特に、丸みに気をつける。

39 エレベーション最後の部分（技術解説 39〜43）＞ストランドを持つ左手が、頭の丸みに合わせて動いているのが分かる。

40

41

3-6 サイドグラデーション_2
GRADATION

42 エレベーション最後の部分（技術解説39〜43）>ストランドを持つ左手が、頭の丸みに合わせて動いているのが分かる。

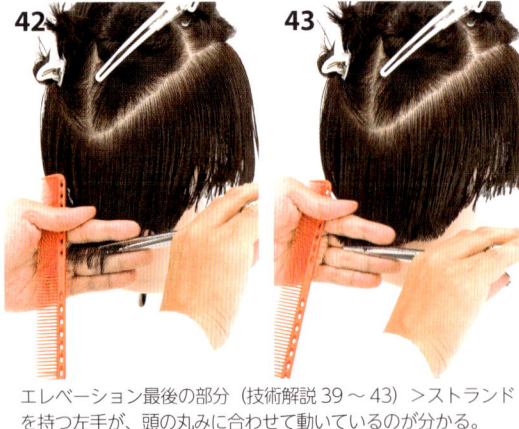

43

44 コンベックスをカット。

45 エレベーション部分のカット終了。

46 フロントサイドのオーバーセクションは2cm幅でスライス。

47 ストランドを引き出す角度（オーバーダイレクションの位置）を確認し、E.E.Pと平行にシェープしてカット。

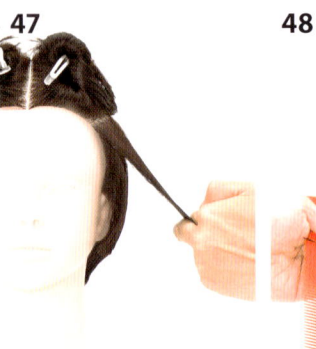

48

49 特にフェイスライン付近で、ストランドを前に引きやすくなるので注意しながら、トップまでカットをすすめる。

50 左フロントサイドのオーバーダイレクション部分のカット終了。

51 左フロントサイドも同様に、ストランド引き出しの角度を確認し、オーバーダイレクションでカット。

52

53 オーバーダイレクションの位置、ストランドを引き出す角度に注意しながら、トップまでカットをすすめる。

オーバーセクションのカット

フロントサイドのオーバーセクションは、❄エレベーション最後のストランドにオーバーダイレクションさせてカット

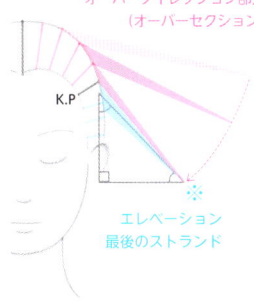

54 **55** **56**

バックのオーバーセクションは、フロントサイドのストランド引き出しの角度を確認し、同じ高さに引き出してカットする。

バックのオーバーセクションも❄フロントサイドのストランド引き出しの角度と同じ高さにオーバーダイレクションさせてカット

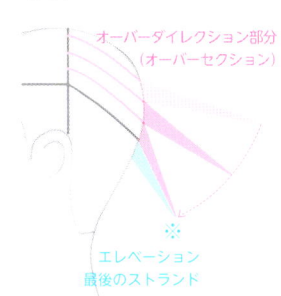

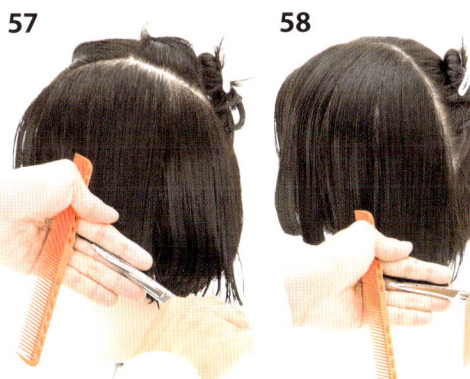

57 **58** **59**

トップまで、ストランドの高さに注意しながら、オーバーダイレクションでカットしていくが、セクションが上がると、オーバーダイレクションしている位置が低くなるため、錯覚して、ストランドを上に持ち上げてしまうことがあるので注意。

トップまでのオーバーダイレクションによるカット終了。

60 **61** **62** **63**

反対側も同様に、フロントサイドのストランド引き出しの角度に合わせて、オーバーダイレクションでカット。

トップまで同じ高さでカットをすすめ、センターのコンベックスをカット。

カット終了。

3-7 グラデーションボブ

GRADATION

Level : ★★☆（中級）　Key : オーバーダイレクション　ネープセクションを放射状にスライス

重さを残した前下りのスタイル

▷ネープは放射状にスライス。バックセンターのカットラインをガイドに、第2セクション以降は、1つ前のセクションにオーバーダイレクションさせてカットする（放射状にスライスしているので、ステムはB.Pを軸にエレベーションする）。

▷ミドル〜オーバーセクションは、ネープ最後のセクションにオーバーダイレクションさせてカット。フロントもその延長線上でカットする。

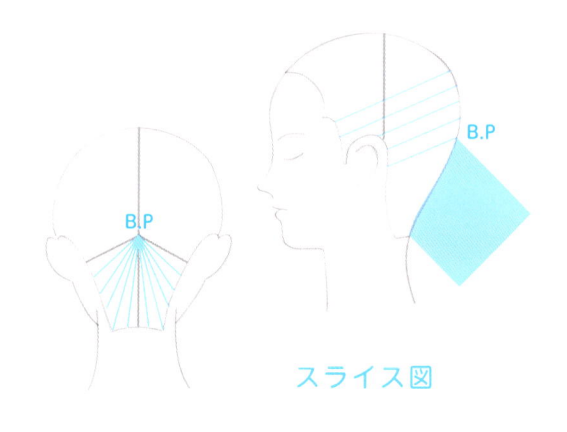

スライス図

ブロッキング ▶ 基本の4ブロック>ネープセクションをブロッキング

SIDE　**BACK**

耳後直上の E.E.P でフロントとバックに分ける。フロント〜バックは、**正中線**で**左右**に分ける。

ネープのブロッキング図／ネープは B.P を頂点にブロッキング。

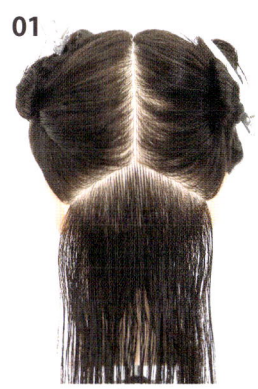

01 B.P（バックポイント）より、耳後のポイントに向かって、斜めにネープを分けとり、毛髪が自然に落ちる位置にシェープ。

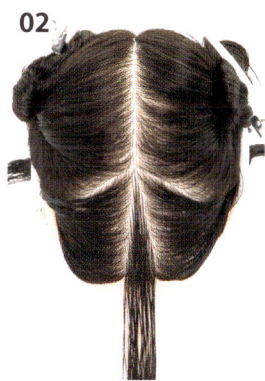

02 ネープのガイド設定。B.P を頂点とし、底辺約2cmの二等辺三角形をスライス。

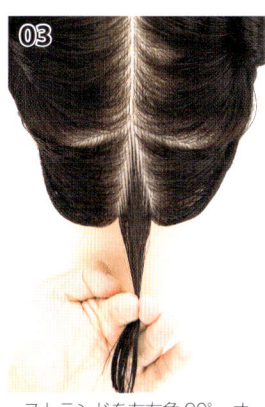

03 ストランドを左右角90°、オンベースに引き出す。

04 上下角は床からの垂直線に対して下方45°に引き出す。

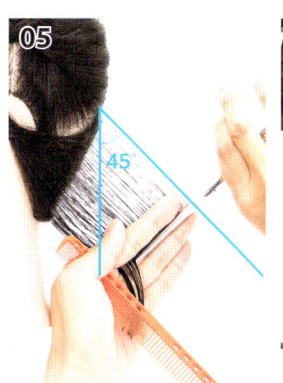

05 引き出したストランドに対して直角にシザーズを入れ、カット。

06 ネープのガイドのカット終了。

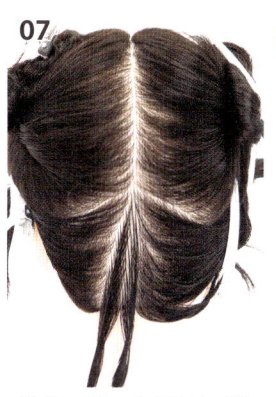

07 第2セクションからは、B.P を頂点に **放射状にスライス**をとる。

※ **放射状にスライス**

3-7 グラデーションボブ

GRADATION

08 第1セクションにオーバーダイレクションさせる。

09 ガイドに合わせてカット。

10 第3セクション以降も、B.Pを頂点に、放射状にスライスをとり、一つ前のセクションにオーバーダイレクションさせる。

11 左側最後のセクション。ストランドがB.Pを軸に、徐々にエレベーションされている。

12 ネープ・左側のカット終了。

13 ネープ・右側第2セクションのスライス。B.Pの頂点から放射状にスライス。

14 1つ前にオーバーダイレクションさせ、B.Pの毛髪は角度を変えず（上下角45°）、ストランドに対して直角にカット。

15 第3セクション以降も、1つ前にオーバーダイレクションさせ、同様にカット。

ネープセクションのオーバーダイレクション

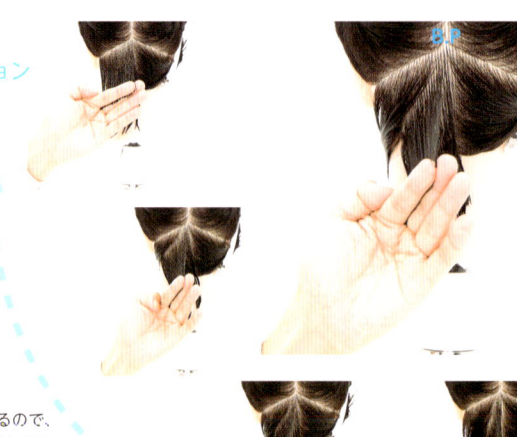

放射状にスライスしているので、B.Pを軸に、セクションが上がる毎に手首が上がり、ステムがエレベーションしていることが分かる

1つ前のセクションにオーバーダイレクションさせてカット

16 右側最後のセクションのカットライン。

17 バックのストランドをガイドに、数回に分けてカット。

18 バックのミドルセクションを、ネープのスライス線と平行に2cm幅でスライス。

19 ネープ最後のセクションにオーバーダイレクションする。

20 ストランドを持ち上げ過ぎないように注意して、ネープ最後のセクションをガイドにカット。

21 H.Pまでは、ネープ最後のセクションにオーバーダイレクションさせてカット。ストランドを持ち上げ過ぎないように注意。

22 H.Pから上のオーバーセクションは、バックからフロントまで斜めにスライスをとる。

23 バックは、ネープ最後のセクションにオーバーダイレクションさせてカット。

24 フロントサイドは、ストランドをバックのオーバーダイレクションの延長線上に引き出し、カット。

25 カットライン。

26 以下同様に、頭の丸みに注意しながら、トップまでカットをすすめる。

27 フロントのストランドを持ち上げ過ぎないように注意してカット。

3-7 グラデーションボブ
GRADATION

28 トップは特に、頭の丸さ、毛流に注意し、根元からしっかりシェープしてカット。

29 持ち上げすぎず、回り込まないように注意してカット。

30 左側のカット終了。

31 右側も同様に、H.Pまでは、ネープ最後のセクションにオーバーダイレクションさせてカット。

32 ストランドを持ち上げ過ぎないように、また、回り込まないように注意してカットをすすめる。

33 バックのオーバーセクションも、ネープ最後のセクションにオーバーダイレクションさせてカット。

34 フロントは、バックのオーバーダイレクションの延長線上に引き出してカット。

35 左側同様、前下りの重さを確認できる。

36 トップまで同様に、オーバーダイレクションさせてカット。

37 フロントは、バックのオーバーダイレクションの延長線上に引き出しカットするが、持ち上げ過ぎないように注意する。

38 最後のセクション。持ち上げ過ぎず、また、回り込まないように注意。

39 カット終了。

ラウンドグラデーション 3-8

Key： オーバーダイレクション
頭の丸みに合わせてスライスを分けとる

Level：★★★（上級）

GRADATION

1 入門
2 初級
3 基礎

8

ネープを高さと奥行きのあるグラデーションで仕上げたスタイル

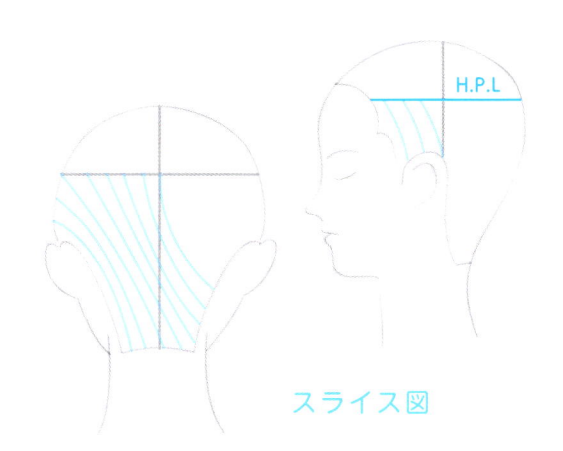

▷ H.P.L（ハイポイントライン）を境に、上下2つのブロックに分ける。
▷ フロントサイドはストランドを一ヶ所に集めるオーバーダイレクション。
▷ バックは、頭の丸みに合わせて1つ前のセクションにオーバーダイレクション。

スライス図

3-8 ラウンドグラデーション
GRADATION

ブロッキング ▶ H.P.Lで上下に分ける

BACK　　SIDE

正中線で左右に分け、H.P.L（ハイポイントライン）でオーバーセクションを分けとる。

01 第1セクション（ガイド）をフェイスラインと平行にスライス。

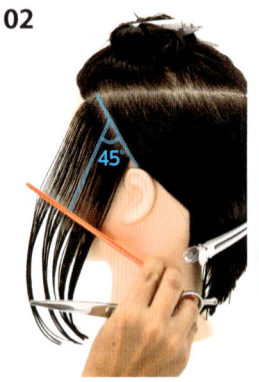

02 スライス線に対して45°にシェープ（上下角は0°）。

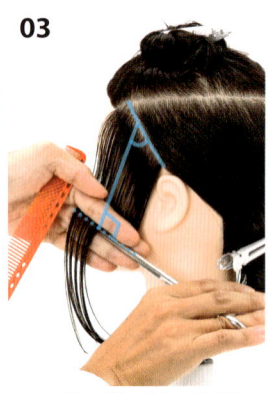

03 ストランドに対して直角にカット。

04 ガイドとなる第1セクションのカット終了。

05 アンダーセクションのフロントサイドは、すべて第1セクションにオーバーダイレクションさせてカット。

06 フロントサイドのカット終了。

07 バックのスライスのとり方（第1セクション）。

08 フロントサイドの最後のセクションをオンベースに引き出す。

09	10	11	12
バックの第1セクションを、フロントサイドの最後のセクションにオーバーダイレクションさせ、スライス線に対して45°にシェープし、カット。		頭の丸みに合わせて、ネープまでカットをすすめる。	

13	14	15	16
第1セクションのカット終了。	第2セクション以降も、1つ前のセクションにオーバーダイレクションさせてカット。		スライスは、正中線を越えて、頭の丸みに合わせて分けとっていく。

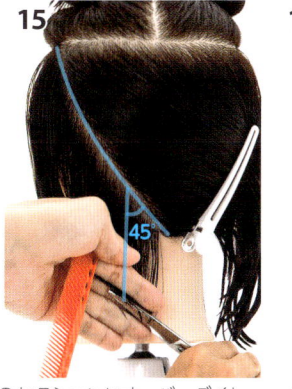

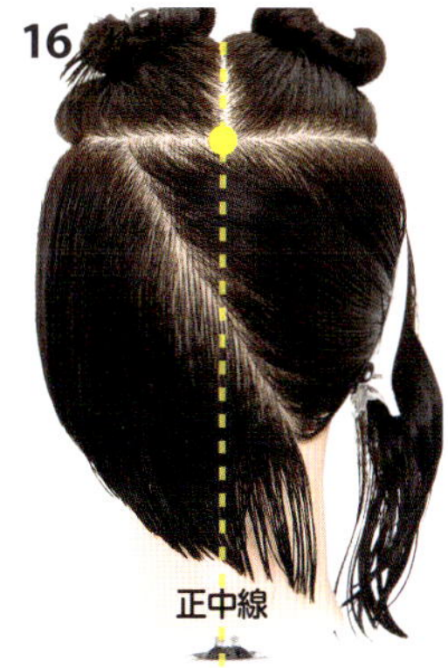

17	18	19	20
頭の丸みをよく見て、45°に引き出す。	上下角（45°）を上げすぎないように注意。	スライス上部のポイントが正中線に達したら、バック・左側のカット終了。	

87

3-8 ラウンドグラデーション

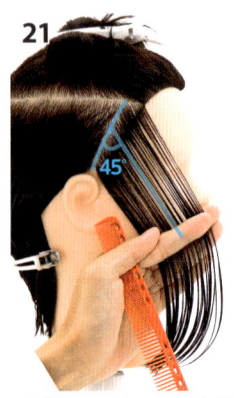

21 右側もフェイスラインと平行にスライスし、スライス線に対して45°にシェープ（上下角0°）。

22 ストランドに対して直角にカット。

23 左右の長さをチェック。

24 フロントサイドはすべてオーバーダイレクションでカット。

25 フロントのカット終了。

26 左側と同様に、バックの第1セクションをスライス。

27 フロントサイド・最後のセクションにオーバーダイレクションさせ、スライス線に対して45°にシェープし、頭の丸みに合わせてカット。

28 バック・第1セクションのカット終了。

29 スライス上部のポイントが正中線に達するまでカットをすすめる。

30 アンダーセクションのカット終了。

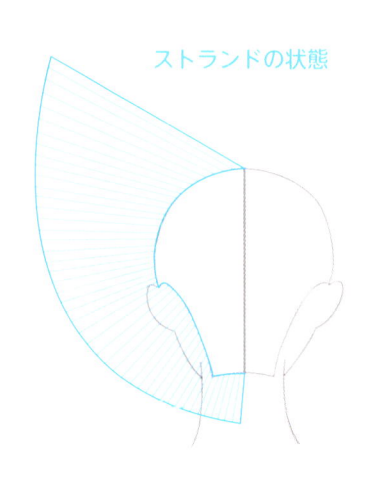

ストランドの状態

フロント（オーバーセクション）

** オーバーダイレクション

* 上下角 0°
ストランドを頭皮から浮かせずに引き出す

31 オーバーセクションのカット。第1セクションのスライスはフェイスラインに平行。

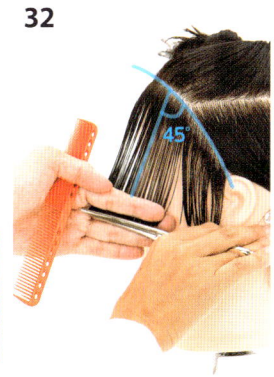

32 スライス線に対して45°、*上下角0°（頭皮から浮かせず）にシェープ。ストランドに対して直角にカット。

33 第1セクション（ガイド）のカットライン。

34 フロントはすべて**オーバーダイレクションでカット（アンダーエリアと同様）。

35 フロントのカット終了。

36 バック・第1セクションのスライス。

37 バックはアンダーセクションと同様に、1つ前にオーバーダイレクションさせてカット。

38 / 39 / 40 頭の丸みに対してカットをすすめ、アンダーセクションにつなげていく。

41 左側のカット終了。

3-8 ラウンドグラデーション
GRADATION

42 フロント右側も同様に、第1セクションをフェイスラインに平行にスライスし、スライス線に対して45°、上下角0°にシェープしてカット。

43 フロントの残りはすべて、第1セクションにオーバーダイレクションさせてカット。

44 フロントのカット終了。

45 バックは、アンダーセクションと同様に、一つ前のセクションにオーバーダイレクションさせ、頭の丸みに合わせてカットをすすめる。

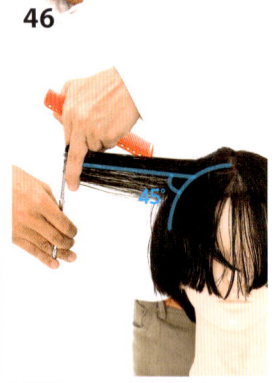

46

47 頭の丸みに合わせてカットをすすめ、アンダーエリアにつなげていく。

48 カット終了。

49 前から見た仕上がり。

50 後ろから見た仕上がり。

スクエアレイヤー　3-9

Key： 引き出したストランドのカットライン⇒スクエア　　**Level：** ★☆☆（初級）

LAYERING

1 入門
2 初級
3 基礎

9

ネープに軽さを出したミディアムレングスのレイヤースタイル

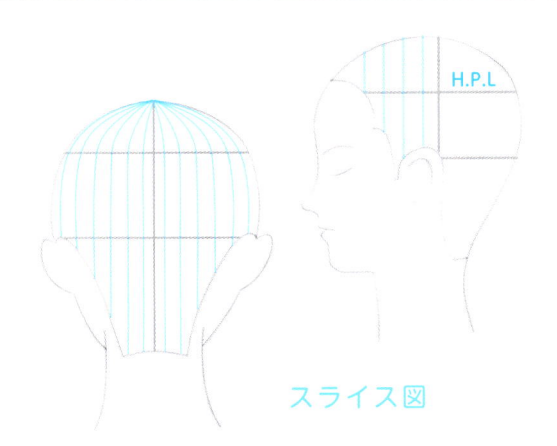

H.P.L

スライス図

▷バックのストランドは真後ろに、サイドのストランドは真横に、フロントトップのストランドは真上に引き出し、ストランドに対して直角にカットする。
▷引き出したストランドのカットラインは、スクエア状。

3-9 スクエアレイヤー
LAYERING

ブロッキング ▶ バックは6ブロック

SIDE 　　　　　**BACK**

E.E.P（イヤーツーイヤーパート）と正中線で基本の4ブロックに分け、バックはH.P.L（ハイポイントライン）とB.P（バックポイント）でスライスし、6ブロックにブロッキング。

ネープ／ストランド

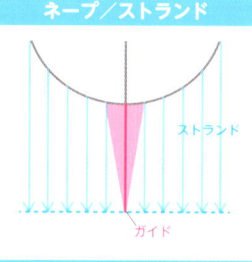

サイド／ストランド

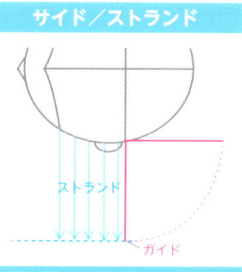

トップ／ストランド

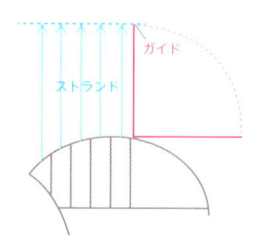

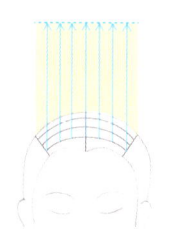

01   ネープのカット。センターに2cm幅のバーティカルスライスをとる。

02 ストランドは床と平行（水平）、真後ろ（頭皮に対して90°）に引き出す。

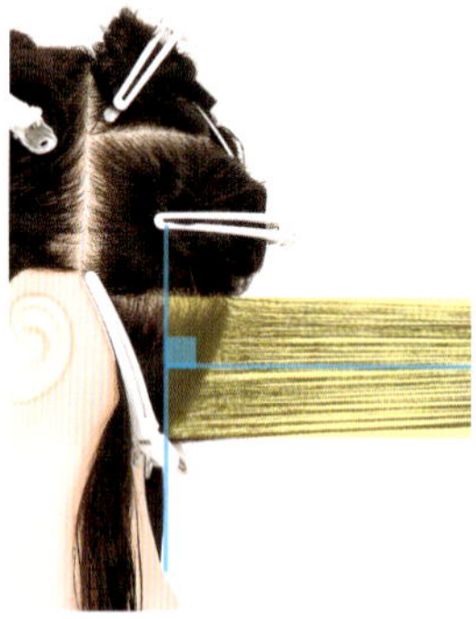

03

04 レングス設定。B.P（バックポイント）の毛髪の長さを、＊コーム半分に設定する。

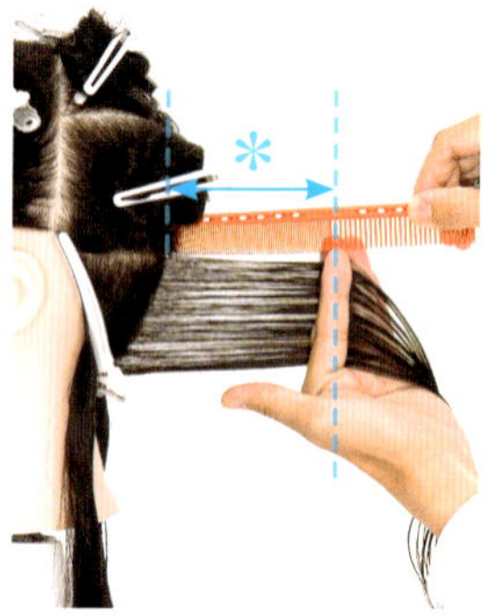

05 カットラインのイメージ。ストランドを水平に引き出し、垂直なカットライン。

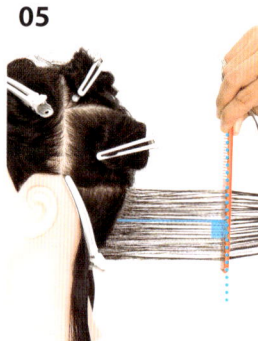

06 ストランドに対して直角にシザーズを入れ、カット（カットラインをイメージしながら）。

07 第2セクション。ストランドを水平、真後ろに引き出し、第1セクションをガイドにカット。

08

92

09 第3セクション以降も同様に、ストランドを水平、真後ろに引き出し、1つ前のセクションをガイドにカット。

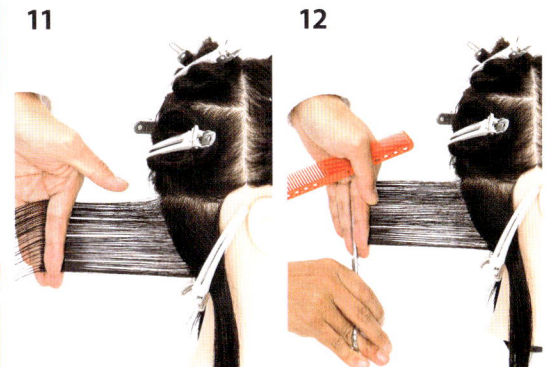

10

11 反対側も同様に、センターから、ストランドを水平、真後ろに引き出し、B.P（バックポイント）のレングスをガイドにカット。

12

13 ヘムラインまでカットをすすめる。

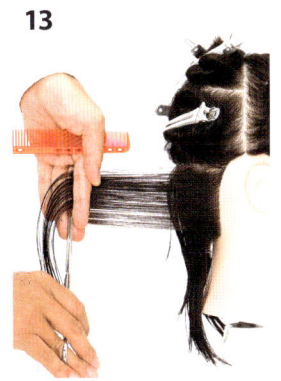

14 ミドルセクション。センターを2cm幅で分けとる。

15 カットラインのイメージ。ネープのレングスをガイドに、垂直にカット。

16 ストランドを水平、真後ろに引き出し、ストランドに対して直角にシザーズを入れ、カット。

17 第2セクションからは、1つ前のセクションをガイドに、ストランドを水平、真後ろに引き出しカット。

18 ストランドの幅が広い場合には、数回に分けてカット。E.E.Pまでカットをすすめる。

19 反対側も同様に、センターのレングスをガイドにカット。

20 ストランドはつねに、水平、真後ろに引き出す。

3-9 スクエアレイヤー
LAYERING

21 1つ前のセクションをガイドに、E.E.Pまでカットをすすめる。

22 オーバーセクションのカット。センターを2cm幅でバーティカルに分けとる。

23 カットラインのイメージ。ミドルのレングスをガイドに垂直にカットする。

24 ストランドを水平、真後ろに引き出し、ストランドに対して直角にシザーズを入れ、カット。

コームの動かし方
頭皮と平行に根元からコームを入れ、しっかりシェープ。コームを半回転させながらストランドを真後ろに引き出す。

25 E.E.Pまで同様の手順でカット。

26 反対側も同様にカット。

27 バックのカット終了。

28 サイドのカット。K.Pで上下に分け、E.E.Pを2cm幅でバーティカルに分けとる。

29 ストランドを水平、真横(頭皮に対して90°)に引き出す。

30

31 オーバーセクションのカット。第1セクションのスライスはフェイスラインに平行。

32 スライス線に対して45°、上下角0°にシェープ。ストランドに対して直角にカット。

33 第1セクション（ガイド）のカットライン。

34 フロントはすべてオーバーダイレクションでカット（アンダーエリアと同様）。

35 トップで、カットした毛髪をバーティカルに分けとり、真上に引き出してカットラインをチェック。

36 カットラインが水平になるようにチェックカット。

37 カットラインが水平になるようにチェックカット。

38 反対側も、同様にチェックカットを行い、左右の長さをそろえる。

39 トップのカットライン。フロントのレングスのガイドとなる。

40 フロントの毛髪を真上に引き出し、トップのレングスをガイドに、水平にカット。

41 フェイスラインまでカットをすすめる。

42 カット終了。

3-10 セイムレイヤー

LAYERING

Level : ★☆☆ （初級）

Key : 引き出したストランドのカットライン⇒ラウンド

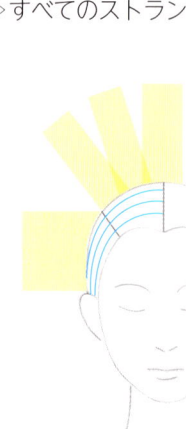

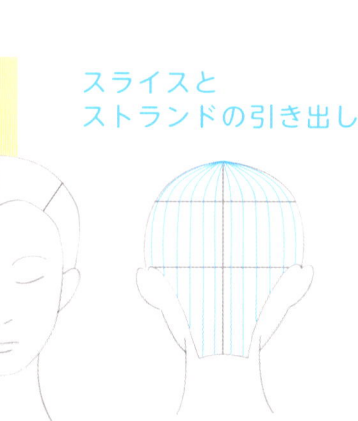

全体的に軽さを感じるショートレングスのレイヤースタイル

▷すべてのストランドをオンベースに引き出し、1つ前のセクションをガイドにカットする。

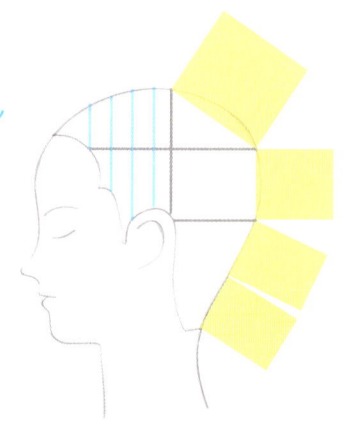

スライスと
ストランドの引き出し

ブロッキング ▶ バック6ブロック

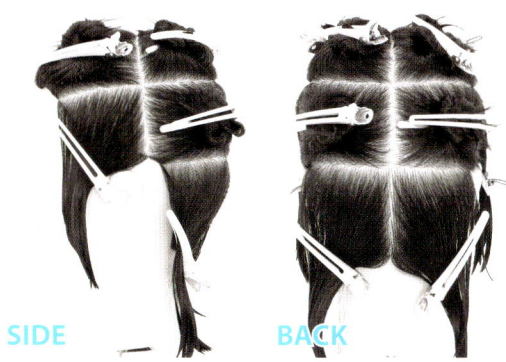

SIDE **BACK**

E.E.P（イヤーツーイヤーパート）と正中線で基本の4ブロックに分け、さらにH.P.L（ハイポイントライン）とB.P（バックポイント）でスライスし、フロント4ブロック、バック6ブロックにブロッキング。

01 ネープのカット。センターに2cm幅のバーティカルスライスをとる。

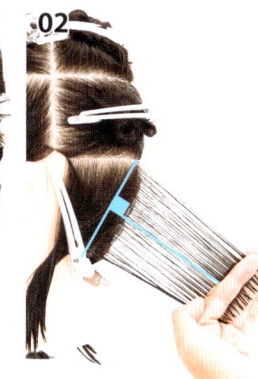

02 ストランドはすべて、頭皮に対して＊オンベースで引き出す（上下角90°、左右角90°）。

＊オンベースで引き出す

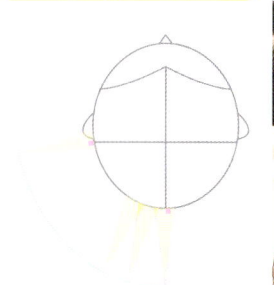

03 ストランドのレングスをコーム1/2（半分）の長さに設定。

04 ストランドに対して、シザーズを直角に入れ、カット。

05 ネープセンターのカットライン。ネープのレングスのガイドになる。

06 ストランドはつねに、オンベース（上下角90°、左右角90°）に引き出し、1つ前のセクションをガイドにカットしていく。

07

08 耳の後ろまで回り込むようにしてカット。耳後ろに近づくにつれ、毛量は少なくなる。

09 ヘムラインのスライス。

3-10 セイムレイヤー
LAYERING

1 入門
2 初級
3 基礎

10 ネープ右側。シザーズが下から入るので、持ち方と角度に注意しながら、耳後までカットをすすめる。

11

12 ネープ右側／ヘムラインのカット。

13 ネープのカット終了。

14 ミドルセクションも、センターに2cm幅でバーティカルスライスを分けとる。

15 レングスは、ネープと同様、コーム1/2（半分）。

16 ストランドを真後ろに引き出し、ネープでカットした一番上の毛髪をガイドにカット。

17 第2セクションは、第1セクションをガイドに、オンベースに引き出しカット。

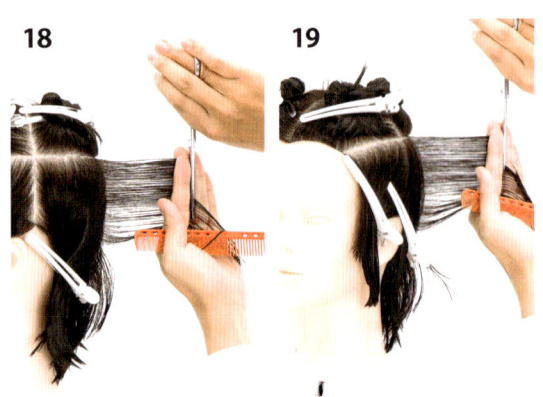

18 E.E.Pまで、1つ前のセクションをガイドに、同様の手順でカットをすすめる。

19

20 バック最後のセクション。

21 ストランドはつねにオンベースに引き出し、シザーズはつねに、ストランドに対して直角に入れ、カット。

22 バックからフロントへのつながり。ストランドをオンベースに引き出してシェープ。

23

24 バック最後のセクションをガイドに、ストランドに対して直角にシザーズを入れ、カット。

25 同様の手順で、フェイスラインまでカットをすすめる。

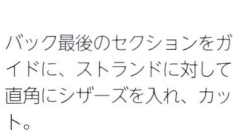

26 ミドルセクション左側のカット終了。

27 右側も同様にカット。

28 ストランドが下がらないように注意しながら、フェイスラインまでカットをすすめる。

29

フロント～トップのブロッキング

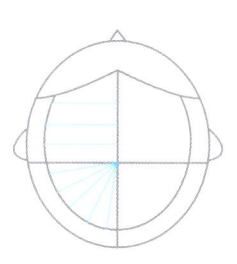

30  オーバーセクション／トップのカット。バックセンターで、ミドルセクションの一番上の毛髪をガイドに、レングスを設定。

31 ストランドはオンベースに引き出し、頭皮と平行にカット。

3-10 セイムレイヤー
LAYERING

1 入門
2 初級
3 基礎

32 第2セクション以降は、1つ前のストランドをガイドに、頭の丸みにそってオンベースに引き出し、カット。

33 E.E.P まで、作業位置に注意し、頭の丸みにそって、放射状のスライスでカットをすすめる。反対側も同様。

34 フロントトップはバックトップの毛髪をガイドに、ストランドをオンベースに引き出しカット。頭の丸みに合わせ、フェイスラインまでカットをすすめる。

35

フロントトップ／ストランドの引き出し

ストランドはつねに、頭の丸みに合わせてオンベースに引き出す

36

37 反対側も同様に、頭の丸みに合わせ、フェイスラインまでカットをすすめる。

38 最後にコンベックスをカット。トップは、スライスをとりやすいようにサイドパートにし、ホリゾンタルスタイルに分けとる。

39 コンベックスをカットして、カット終了。

ロングレイヤー_1

Key： ストランドを真上に引き出しカット　**Level：★★☆（中級）**

3-11　LAYERING

レングスを長めに設定したレイヤースタイル

▷すべてのストランドを真上に引き出しカットする。
▷バックは放射状にスライス。
▷フロントはバーティカルにスライス。

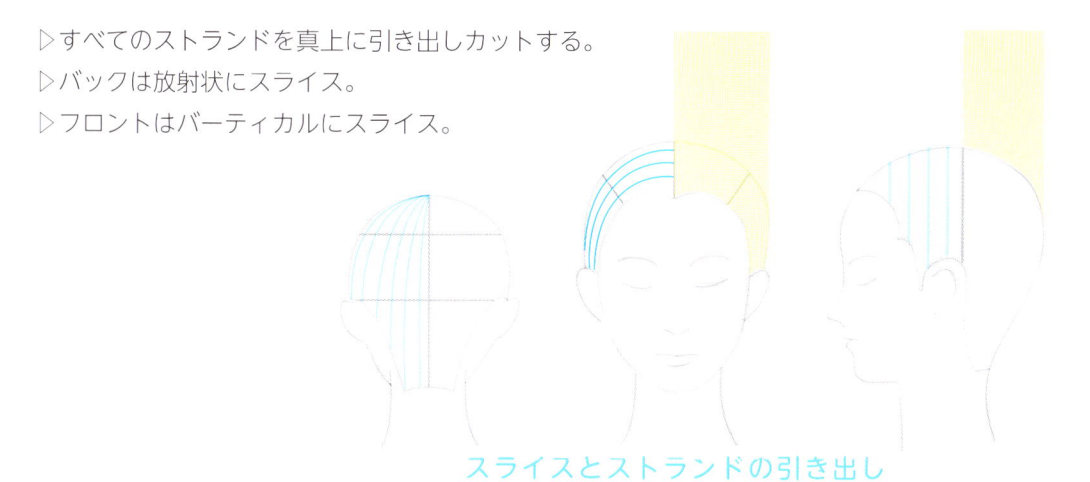

スライスとストランドの引き出し

3-11 ロングレイヤー_1
LAYERING

ブロッキング ▶ 基本の4ブロック

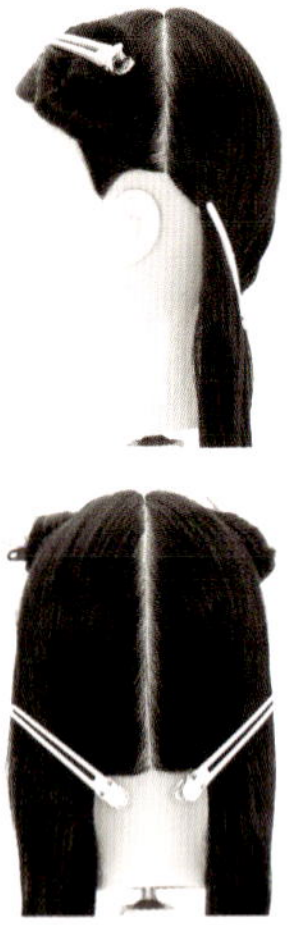

01  第1セクションを2cm幅で分けとる。

02 ストランドを真上にシェープ。

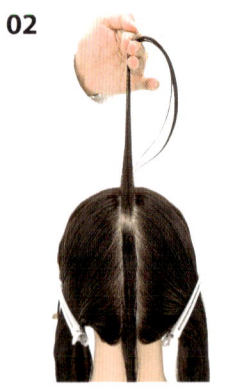

03 トップポイントのレングスを、コーム3/4の長さ*に設定。

04 シェープの方向がずれないように気をつけて、ストランドに対して直角にシザーズを入れ、カット。

05

06 ネープの毛髪も真上にシェープし、トップのレングスに合わせてカット。ガイドとなる第1セクションのカット終了。

07

08 第1セクションの右半分をガイドに、第2セクションをスライス。

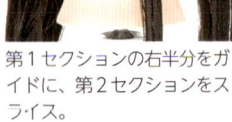

09 トップのストランドを真上に引き出し、ガイドに合わせてカット。

10 ネープまでガイドに合わせてカット。

11 第3セクション以降も同様の手順で、順次放射状にスライスし、立ち位置やシェープの方向に注意しながら、C.C.Pまでカットをすすめる。

12 右バックサイド・最後のセクション。ストランドはつねに真上に引き出し、トップポイントのレングス（コーム3/4）に合わせてカット。

13

14 左側も同様に、バックセンターから放射状にスライスし、ストランドを真上に引き出し、トップからネープまでガイドに合わせてカット。

15 立ち位置やシェープの方向に注意しながら、E.E.Pまでカットをすすめる。

16 左右のズレがないか、トップの位置でチェック。

17 フロントサイドもストランドを真上に引き出し、ガイドに合わせてカット。

18 E.E.Pからフェイスラインまで、ストランドはつねに真上に引き出す。

19 カットラインが正しいか、正中線上でチェック。

20 左側も同様に、E.E.Pからフェイスラインまでカット。

21 最後に、左右のカットラインにズレがないか、真上にシェープしてチェック。

22 カット終了。

23

3-12 ロングレイヤー_2

LAYERING　Level : ★★★（上級）　Key : オフベース　オーバーダイレクション

丸いフォルムのロングレイヤースタイル

▷カットラインのつながり、仕上がりをイメージしながらカットする。
▷フロントサイドは、フェイスラインにそってスライスし、オフベースでカット。セクションによって引き出す角度が変化するので注意。
▷バックエリアは放射状にスライスし、頭の丸みに合わせてストランドを引き出す。1つ前のセクションにオーバーダイレクションさせながらカットする。

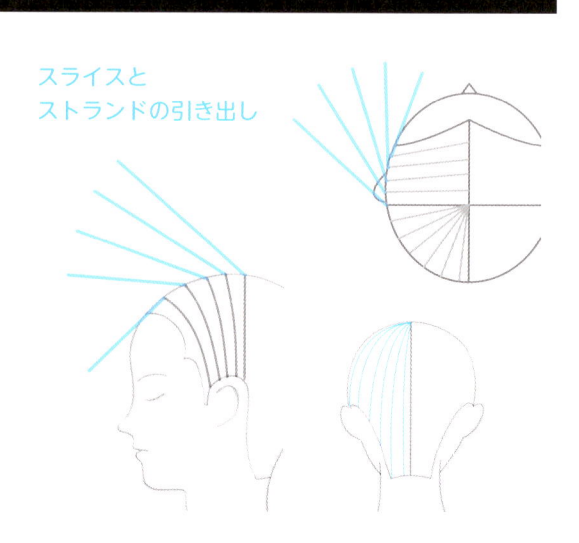

スライスと
ストランドの引き出し

| ブロッキング ▶ 基本の4ブロック | **01** | **02** | **03** |

フェイスラインにそって2cm幅でスライスし、第1セクションを分けとる（反対側も同様）。

第1セクションは上下角0°（頭皮から浮かない位置）、スライス線に対して直角にストランドを引き出す。

04 センターでレングス設定。4cm幅くらいをシェープし（上下角0°、左右角90°）、鼻根の位置で、スライス線と平行にカット。

05 第1セクション／センターのカット終了。

06 サイドもスライス線に対して直角にストランドを引き出す。

07 頭の丸みに合わせてカットするため、2分割し、ストランドが頭皮から浮かないように上下角0°で引き出し、シェープ。

08 センターのレングスをガイドに、スライス線と平行にカット。

09 残りもスライス線と平行にカット。

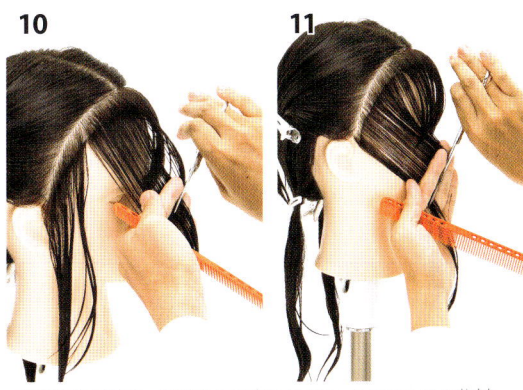

10 反対側も同様に、頭の丸みに合わせてカットするため2分割し、上下角0°、スライス線に対して直角にストランドを引き出す。

11 センターのレングスをガイドに、スライス線と平行にカット。

105

3-12 ロングレイヤー_2
LAYERING

12 ガイドとなる第1セクションのカット終了。

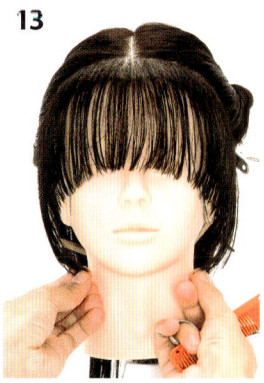

13 左右の長さをチェック。

14 第2セクション。頭皮に対して、上下角45°で引き出し、ガイドに合わせてカット。

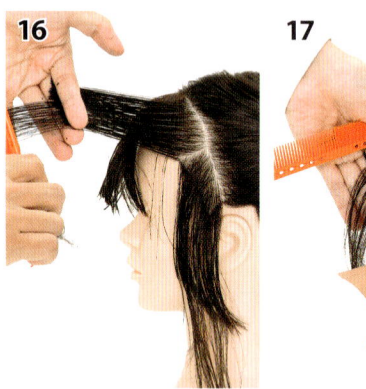

15

16 サイドも同様に、頭皮に対して上下角45°で引き出し、ガイドに合わせてカット。

17

18 第3セクションも、頭皮に対して上下角45°で引き出し、第2セクションをガイドにカット。

19 第4セクションも、頭皮に対して上下角45°で引き出し、第3セクションをガイドにカット。

20 左フロントサイド／正面から見たストランドの引き出し

セクションが進むと、ストランドに幅が出てくるので、頭の丸みをよく見て、分割してカットをすすめる。

21　右フロントサイド／正面から見たストランドの引き出し

右フロントサイドも同様に、フェイスライン側からカット。セクションが進むと、ストランドに幅が出てくるので、頭の丸みをよく見て、分割してカットをすすめる。

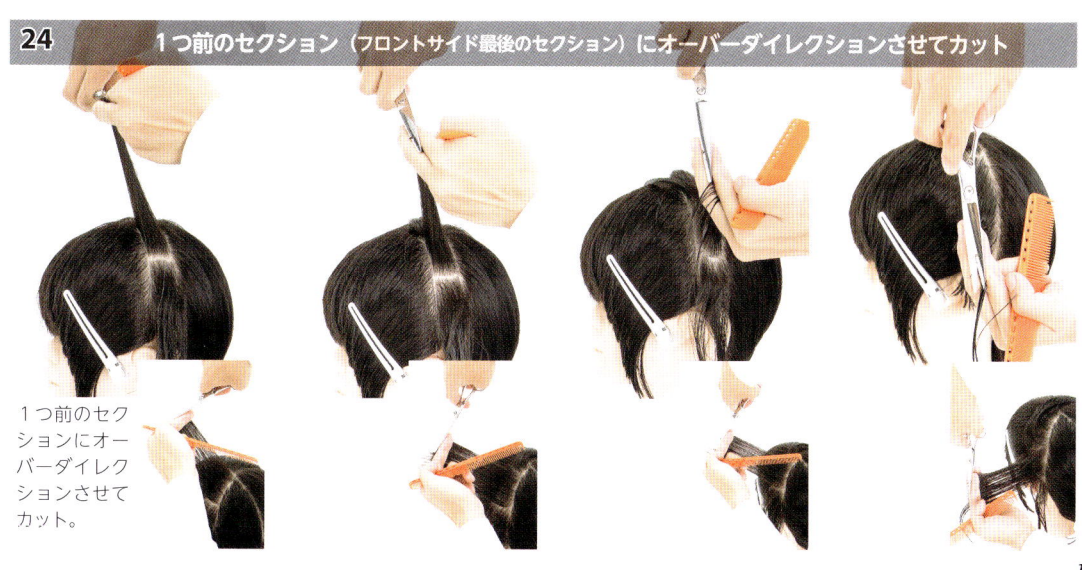

フロントサイド
頭の丸みに合わせてストランドを引き出しカット

フェイスラインのストランド
＞上下角0°（頭皮に密着）

22 フロントサイドのカット終了。

23 バックの第1セクションは、フロントサイド最後のセクションをガイドにとり、バーティカルにスライス。

24　1つ前のセクション（フロントサイド最後のセクション）にオーバーダイレクションさせてカット

1つ前のセクションにオーバーダイレクションさせてカット。

3-12 ロングレイヤー_2
LAYERING

25 バックの第2セクションを、トップポイントを軸に放射状にスライス。

26 ネープラインはサイドからのつながりでカット(ラインをイメージして)。

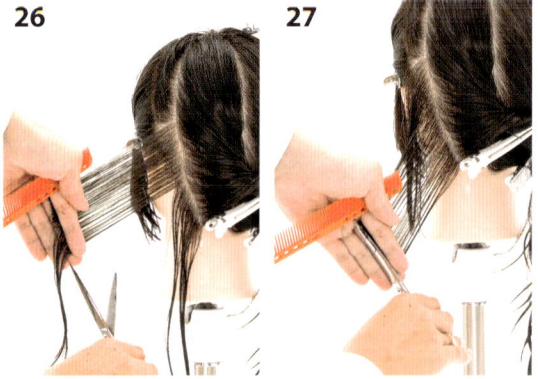

27

28 スライス線と平行にカット(回り込みすぎないように)。第3セクション以降も同様に、バックセンターまでカットをすすめる。

29 左側バックセンターのカット。

30 頭皮の丸みに合わせてストランドを引き出し、カット。

31

32 スライス線と平行にカット。

バックセクション
頭の丸みに合わせてストランドを引き出し、1つ前のセクションにオーバーダイレクションでカット。

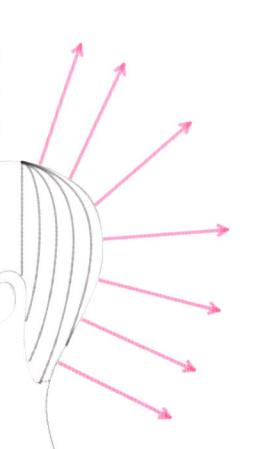

33  ネープエリアのカットライン。

34 左側のカット終了。

108

35

36

37

38

反対側も同様に、フロントサイドの最後のセクションにオーバーダイレクションさせてカット。

ネープラインはストランドの持ち方を変えて、手の内側でカット。

39

40

41

42

サイドからのつながりで、カットラインをイメージしながら、頭皮と平行にカット（回り込みすぎないように注意）。

右側バックセンターのカット。

1つ前のセクションにオーバーダイレクションさせてカット。

43

44

45

46

カットラインをイメージしながらネープまでカットをすすめる。

カット終了。

3-13 ボックスボブ

COMBI-NATION

Level: ★★★ (上級)

Key: ワンレングス、刈り上げ

ネープを刈り上げた、ワンレングスボブスタイル

▷ ワンレングスと刈り上げでスタイルを構成した2セクションスタイル。

▷ ネープを刈り上げる際に、ボブラインをカットしないように注意する。

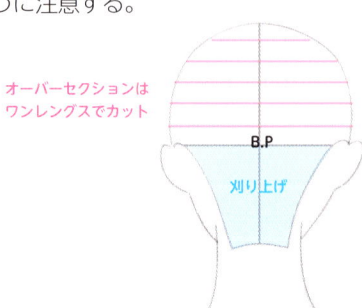

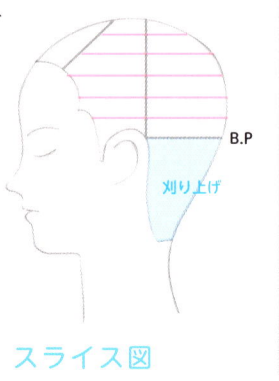

オーバーセクションはワンレングスでカット

B.P

刈り上げ

スライス図

ブロッキング

基本の4ブロックに分け、バックを左右のEPとBPをつなぐラインで上下に分ける。

01 オーバーセクションからカットしていく。第1セクションを、2cm幅でホリゾンタルにスライス

02 ダウンシェープし、カットラインを確認。

03 第1セクションを、ワンレングスで水平にカット。

04 頭の丸みに合わせ、毛髪が自然に落ちる位置でカット（アンダーセクションの毛髪をカットしないように注意）。

05 ガイドとなる第1セクションのカット終了。水平なカットラインを確認。

06 第2セクションも、2cm幅でホリゾンタルにスライスし、ガイドに合わせてワンレングスカット。

07 余計なグラデーションがつかないように、ストランドを持つ指は、頭につけた状態でカット。

08 トップの毛髪は自然に落ちる範囲が広いので注意してシェープ。

09 頭の丸みに合わせてカット。

10 持ち上げないように注意してカット。

11 右側も同様にカットし、バック・オーバーセクションのカット終了。

12 バングのブロッキング。毛髪が自然に落ちる位置を確認し、トップから目尻直上をつなぐラインで三角形に分けとり、止めておく。

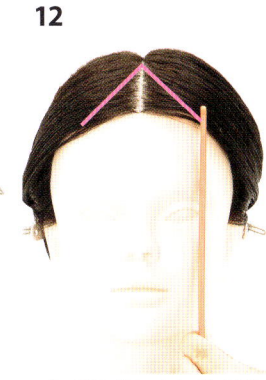

3-13 ボックスボブ

COMBI-NATION

13 上から見た、バングのブロッキング。

14 バックのガイドになる毛髪を加え、耳上2cm幅でサイドの第1セクションをホリゾンタルにスライス。

15 バックのガイドにそろえて、やや前下りのラインでカットする。耳があるため、コームスルーでワンレングスカット。

16 フロントサイドのガイド（やや前下りのカットライン）。

17 第2セクション以降も、2cm幅、ホリゾンタルスライスで、トップまでガイドに合わせてワンレングスカット。

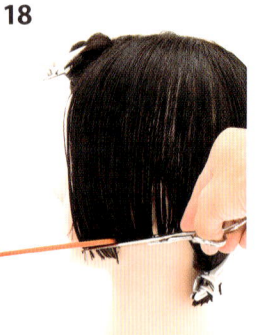

18 フェイスライン側は、前に回り込まないように、パネル状でカット。

19 左フロントサイドのカット終了。

20 右側も同様に、やや前下りのラインで、ガイドとなる第1セクションをカット。

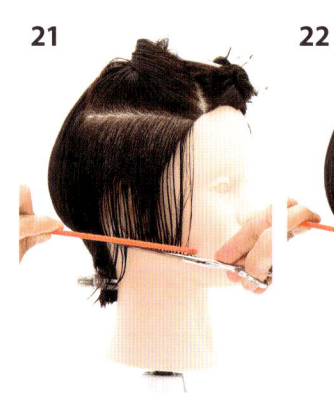

21 第2セクション以降も同様に、2cm幅、ホリゾンタルスライスで、ガイドに合わせてトップまでワンレングスカット。

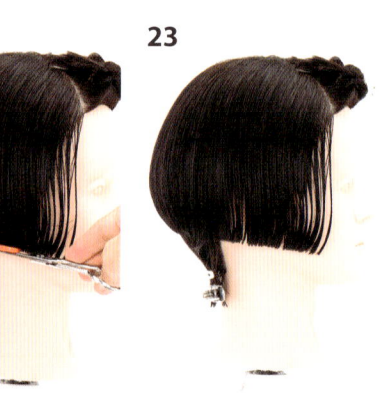

22 右フロントサイドのカット終了。

23 右フロントサイドのカット終了。

24 バングはホリゾンタルスライスで分けとり、毛髪が自然に落ちる位置にシェープ。

25 バングの長さを鼻根の位置に設定し、コームスルーでワンレングスカット。

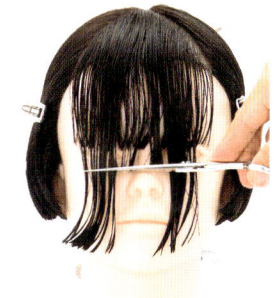

26 バングのガイド。

27 バングの残りの毛髪を自然に落ちる位置にシェープし、一旦、ガイドよりもやや長めにカット。

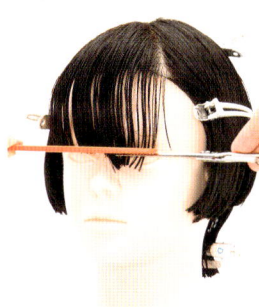

28 頭の丸みに注意し、ガイドに合わせてカット。

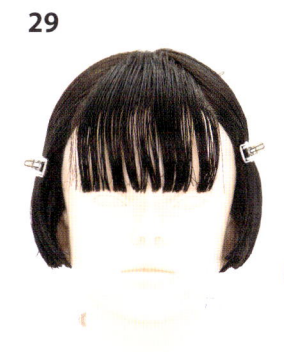

29 バングのカット終了。

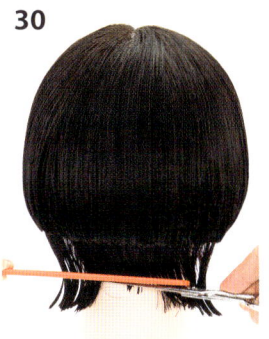

30 ネープのカット。襟足の長さを設定し、ワンレングスカット。

31 コームの歯先をボブラインの方向に向け、コームを上方に移動させながら、ネープ全体を刈り上げる。

32 ネープからボブラインの位置まで、この動作を繰り返す。

33 全体を、徐々に短くしていく。

34 ネープの端は、コームの歯先を斜め上方に向け、面を見ながらボブラインまでカット。右端も同様。

35 ボブラインを切らないように注意しながら、ネープを刈り上げる。

36 ネープのカット終了。

3-14 レイヤー on グラ

COMBI-NATION　Level：★★★（上級）　Key：2セクションカット（レイヤー＋グラデーション）

ネープに重さを残した2セクションカットしたスタイル

▷アンダーセクションをグラデーション、オーバーセクションをレイヤーで仕上げた2セクションカットスタイル。

▷セクションカットとは、頭部を2つのセクションに分け、それぞれに異なるニュアンスを持たせながら、1つのスタイルとして仕上げたもの。

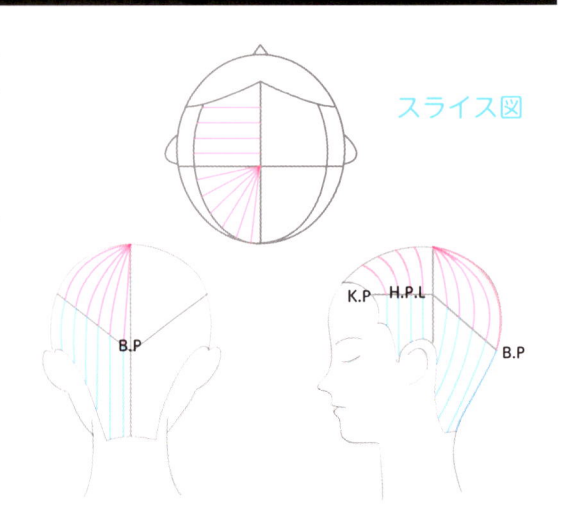

スライス図

K.P　H.P.L　B.P

114

ブロッキング ▶ 8ブロック

SIDE **BACK**

E.E.P（イヤーツーイヤーパート）と正中線で基本の4ブロックに分け、さらにフロント側はH.P.L（ハイポイントライン）で、バックはH.P.LとE.E.Pの交点とB.P（バックポイント）をつなぐラインでスライス。

アンダーセクション
ストランドの引き出し
＞上下角45°、左右角90°

01 アンダーセクション。バックセンターを、2cm幅でバーティカルにスライス。

02 ストランドを、上下角45°、左右角90°に引き出す。

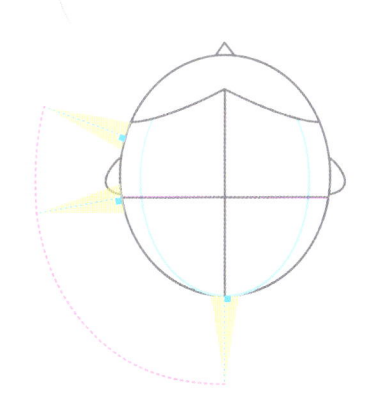

03 レングス設定。ストランド上端をコーム1/2の長さに設定し、ストランドに対して直角にカット。

04 第2セクション。上下角45°、左右角90°に引き出し、ガイドに合わせてカット。第3セクション以降も同様に。

05

06 バック最後のストランドの引き出し（左右角90°、上下角45°）。

3-14 レイヤー on グラ

COMBINATION

07 バック最後のセクション。上下角45°に引き出しカット（左右角90°）。

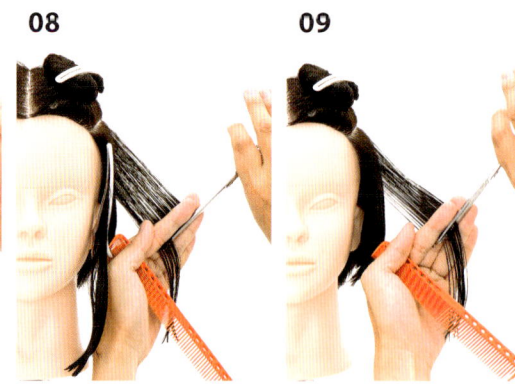

08 サイドも同様に上下角45°に引き出し（左右角90°）、フェイスラインまでカットをすすめる。

09

10 アンダーセクション左側のカット終了。

11 右側も同様にカット。ストランドを引き出す角度に注意（上下角45°、左右角90°）。

12 第2セクション以降も、ガイドに合わせてカットをすすめる。

13 バックから、サイド、フェイスラインまでカット。

14

15 アンダーセクション右側のカット終了。

16 後ろから見た仕上がり。

17 トップセクションのカット。バックセンターからカット。

18 頭皮に対して90°にシェープし（オンベースに引き出す）、レングスをコーム3/4の長さに設定。

19 ストランドに対して直角にシザーズを入れ、カット。

20 第2セクション。頭の丸みに合わせて放射状にスライスし、ストランドをオンベースに引き出し、ガイドに合わせてカット。

21 頭の丸みに合わせてカットをすすめる。

22 頭の丸みに合わせてカットをすすめる。

23 左バックセクションのカット終了。

24 右バックセクション。左サイドと同様に、頭の丸みに合わせて放射状にスライスし、ストランドをオンベースに引き出しカットしていく。

25

26 左サイドセクション。バーティカルにスライスし、バックセクションをガイドにカットしていく。

27 第2セクション。第1セクションと平行にスライスし、頭の丸みに合わせてストランドを引き出し、1つ前のセクションをガイドにカット。

28 第3セクション以降も、頭の丸みに合わせてストランドを引き出し、1つ前のセクションをガイドにカット。

29 フェイスラインまでカットをすすめる。

30 左側のカット終了。

117

3-14 レイヤー on グラ

COMBINATION

31 右側のフロントサイドも同様に、頭の丸みに合わせてストランドを引き出し（オンベース）、バックセクションをガイドにカット。

32 第2セクション。第1セクションと平行にスライスし、頭の丸みに合わせてオンベースで引き出し、1つ前のセクションをガイドにカット。

33 第3セクション以降も同様にカット。

34 フェイスラインのストランドの引き出し。頭の丸みに合わせてオンベースで引き出すと、ストランドは、かなり前に倒れる。

35 1つ前のセクションをガイドにカット。

36 カット終了。

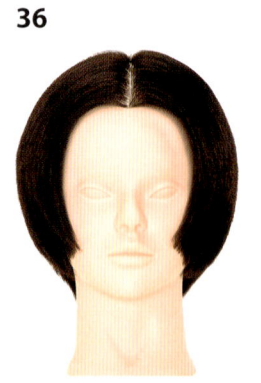

37 仕上がり。

38

オーバーセクション
ストランドの引き出し　オンベース、頭の丸みに合わせてカット

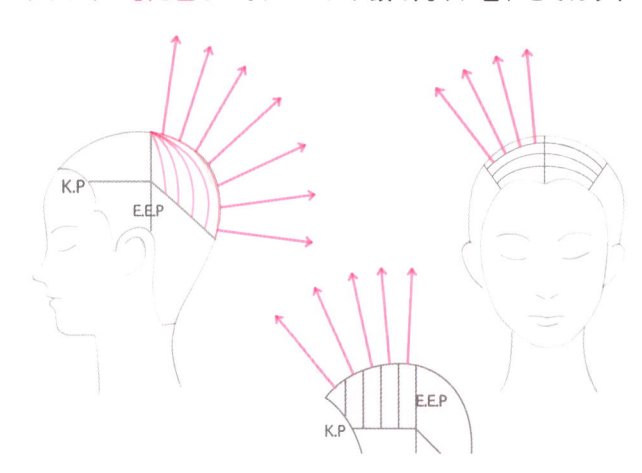

118

レイヤー on レイヤー

Key: 2セクションカット（レイヤー＋レイヤー）　**Level:** ★★★（上級）

3-15　COMBI-NATION

1 入門
2 初級
3 基礎

軽さのある2セクションカットスタイル

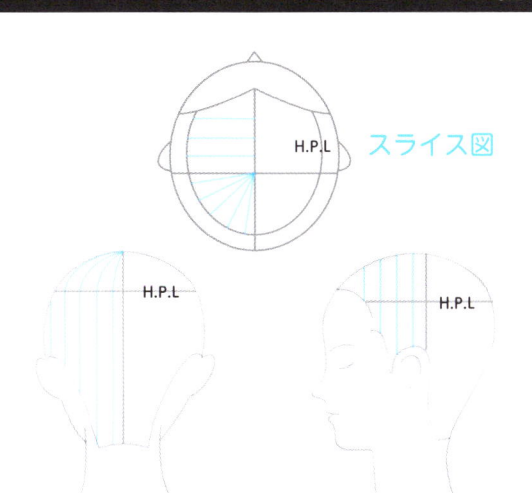

スライス図

▷アンダーセクション、オーバーセクションともレイヤーで仕上げた2セクションカットスタイル。
▷2セクションカットとは、頭部を2つのセクションに分け、それぞれに異なるニュアンスをもたせながら1つのスタイルとして仕上げたカットスタイル。

3-15 レイヤー on レイヤー

COMBINATION

ブロッキング ▶ H.P.L で分ける

SIDE　BACK

H.P.L（ハイポイントライン）で上下（オーバーセクション／アンダーセクション）に分ける。オーバーセクションは、正中線とE.E.Pで4つに分ける。

アンダーセクション
ストランドの引き出し＞オンベース

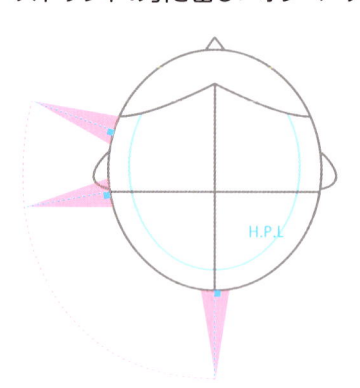

H.P.L

01 アンダーセクション。バックセンターに、2cm幅でバーティカルスライスを分けとる。

02 ガイドの設定。ストランドをオンベースに引き出し、レングスを決め、頭皮と平行にカット。

03

04 ガイドのカットライン。セイムレングスになっていること。

05 毛髪が自然に落ちる位置のシルエット。

06 第2セクションもバーティカルスライス、オンベースに引き出す。

07 後ろから見たところ。左右角90°を確認。

08 ガイドに合わせてカット。

120

09 第3セクション以降も同様に、1つ前のセクションをガイドにオンベースでカット。写真は左のみつえり*までカットが終了したところ。

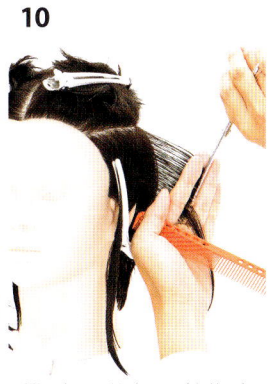

正中線
*みつえり

10 頭の丸みに注意し、（身体を）バックからサイドに回り込むようにして、E.E.PまでカットT。

11 アンダーセクション左側／バック部分のカット終了。

12 フロントサイドも同様に、1つ前のセクションをガイドに、オンベースでカット。

13

14

15

左手▷指の角度、ストランドの持ち方、ひじの使い方
右手▷シザーズの角度　に注意して、フェイスラインまでカットをすすめる。

16 アンダーセクション左側のカット終了。

17

18 アンダーセクション右側も同様にカットしていくが、ストランドを持つ手が上からになり、シザーズが下から入る。

19 頭の丸みに注意して、オンベースでシェープ。

20 ネープの部分は、シェープが下がりやすく、ストランドも持ちづらいので注意。

3-15 レイヤー on レイヤー

COMBINATION

21 ミドル部分は、シェープが上がりすぎないように注意。

22 アンダーセクション右側／バックのカット終了。

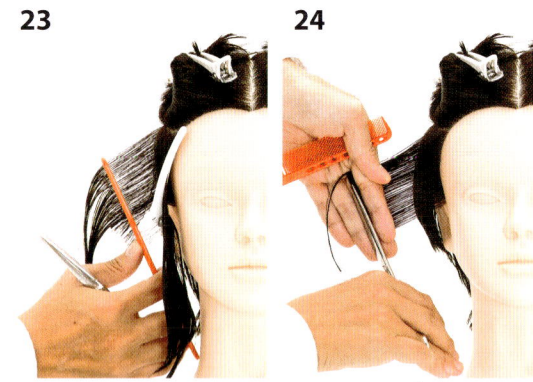

23 フロントサイドも同様に、1つ前のセクションをガイドに、フェイスラインまでカット。

24

オーバーセクション

▼スライス図

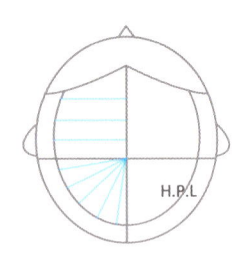

▼ストランドの引き出し

25 アンダーセクションのカット終了。

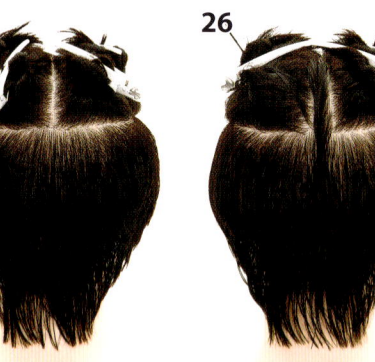

26 オーバーセクション／バックセンター。トップポイントを起点に、放射状にスライス。

27 ディスコネクションが残るようにカットしていく。

28 H.P.Lのレングスを設定し、頭の形に合わせてオンベースでカット。

29 頭の形をよく見ながら、オンベースに引き出し、1つ前のセクションをガイドに、カット。

30

31 カットラインは頭の形と平行になる。

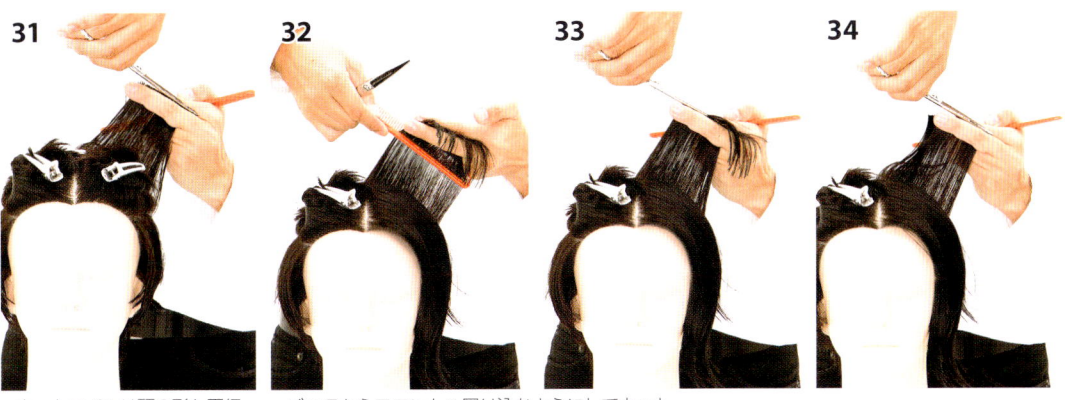

32 バックからフロントへ回り込むようにしてカット。
立ち位置やシェープの角度、ひじの角度などに注意し、手元のカットラインだけでなく、頭の形（丸み）全体を見ながら、カットしていく。

33

34

35 フェイスラインでは特に、頭の丸みを意識して、少し前に倒すような感じでカット。

36 右側も同様に、バックセンターからカット。

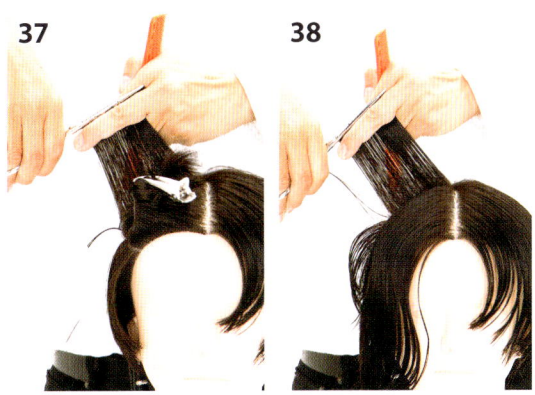

37 バックからフロントへ回り込むようにしてカット。
立ち位置やシェープの角度、ひじの角度などに注意し、手元のカットラインだけでなく、頭の形（丸み）全体を見ながら、カットしていく。

38

39 フェイスラインでは特に、頭の丸みを意識して、少し前に倒すような感じでカット。

40 センターパート上のコンベックスをチェックし、カット。

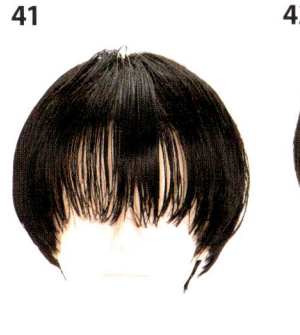

41 カット終了。

42 仕上がり。

3-16 ブロードライ
FINISHING WORK スタイルを仕上げるテクニック

▷カットが終了したヘアスタイルを整えるために、ブロードライのテクニックは欠かせません。しっかり身につけましょう。

▷ブロードライ後は、もう一度スタイルを確認し、必要に応じてチェックカットを行います。

※ブロードライとは？
頭毛をブロー（blow：吹きつける、風）して乾かすことです。また、熱風を吹きつけて湿った頭毛を乾かしながらヘアスタイルを形づけることを、ブロードライ＆スタイリングといいます。

※ハーフ・ラウンド・ブラシとは？　ブロードライの際に用いるブラシとして、最も一般的なものです。デンマン社製のものが広く一般に用いられていることから、デンマンブラシ（商品名）とも呼ばれています。

ブラシの持ち方と動かし方
ハーフ・ラウンド・ブラシ

●**持ち方**　ブラシの柄を持ち、母指と示指（親指と人さし指）を、ブラシの肩の部分にそえる。

●**ブラシの回転①**　ブラシの柄と肩をしっかり持ち、手首を回転させるようにしてブラシを回す。

01

02

03

ブラシとハンドドライヤーの関係

●ブラシの面に対して45°方向に、ドライヤーの吹き出し口をあてる。

●ブラシの回転に合わせてドライヤーの角度を変える。

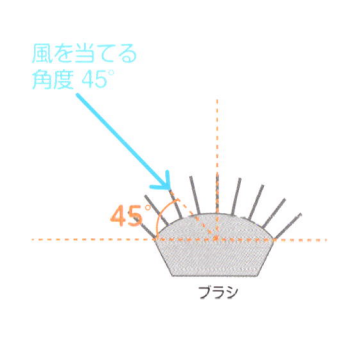

風を当てる角度 45°

ブラシ

01

02

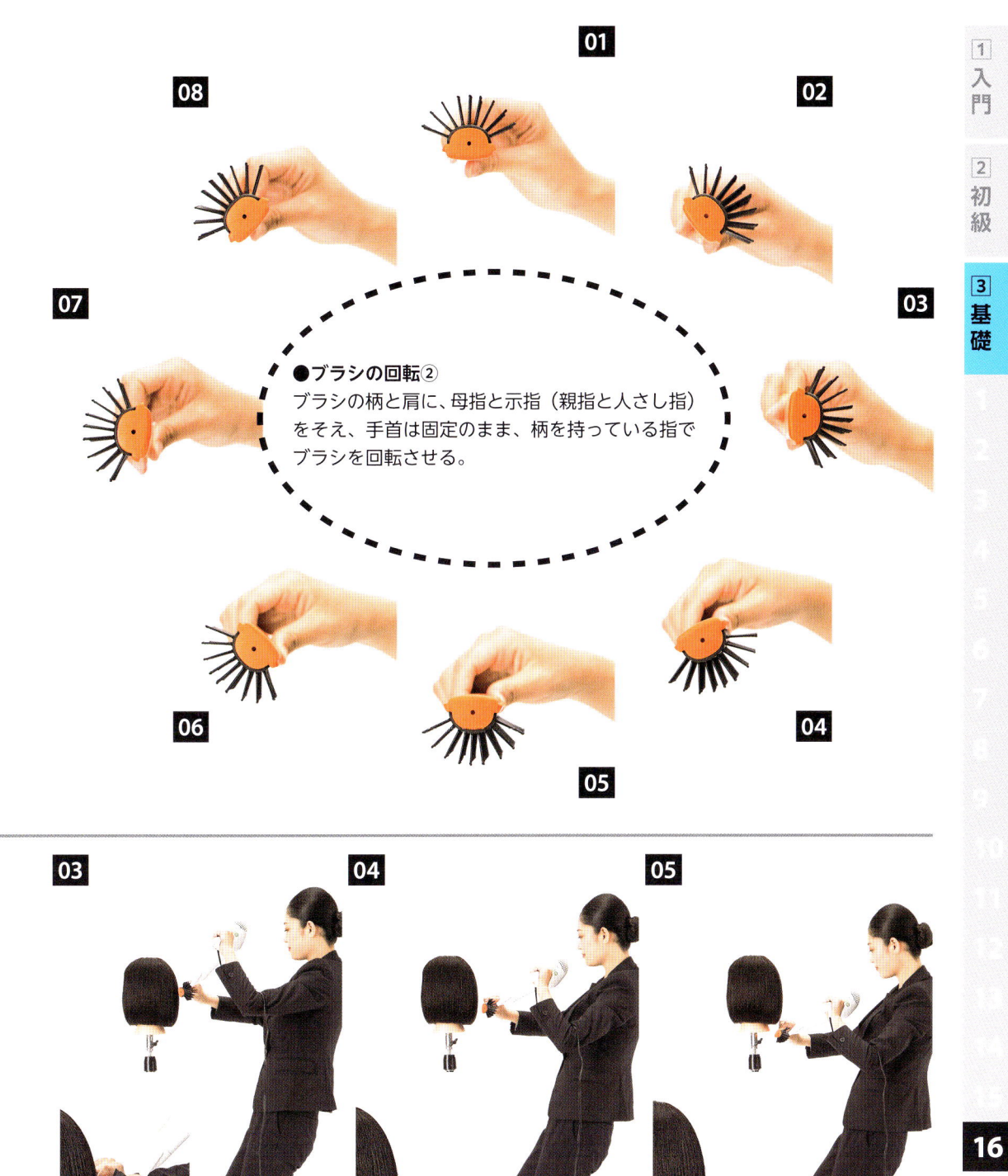

●ブラシの回転②
ブラシの柄と肩に、母指と示指（親指と人さし指）をそえ、手首は固定のまま、柄を持っている指でブラシを回転させる。

3-16 ブロードライ

FINISHING WORK

ブラシの基本動作
ハーフ・ラウンド・ブラシの場合

主に、①ブラシの面を、ストランドの毛流の表面から斜めに入れてとかす方法と、②ストランドを持って、その裏側からブラシの面を入れ、とかす方法があります。

●ブラシの入れ方① 　根元を立ち上げるようにブラシを入れ、毛先まで真っ直ぐ下ろす

01 / **02** / **03** / **04**

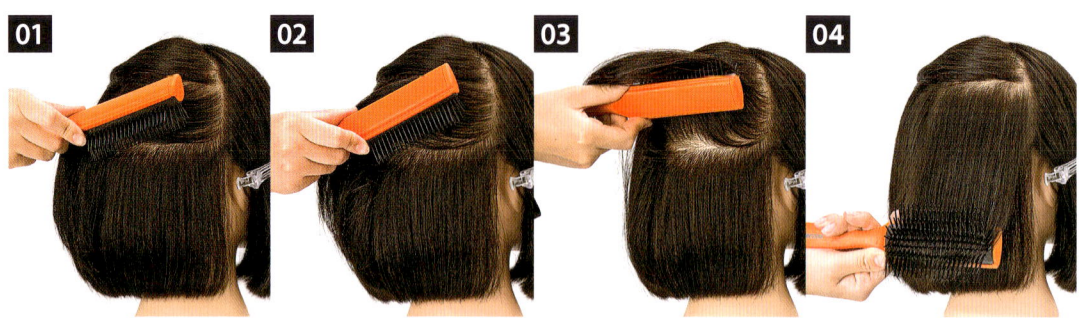

ブラシの母指側の面を毛流にあわせ、下から上に斜めに引き上げる。頭の丸みに合わせてブラシを回転させながら、毛先まで真っ直ぐ下ろす。

●ブラシの入れ方② 　ストランドを分けとって、裏側からブラシを入れ、ブラシを回転させながら根元を立ち上げ、そのまま毛先まで真っ直ぐ下ろす

01 / **02** / **03** / **04**

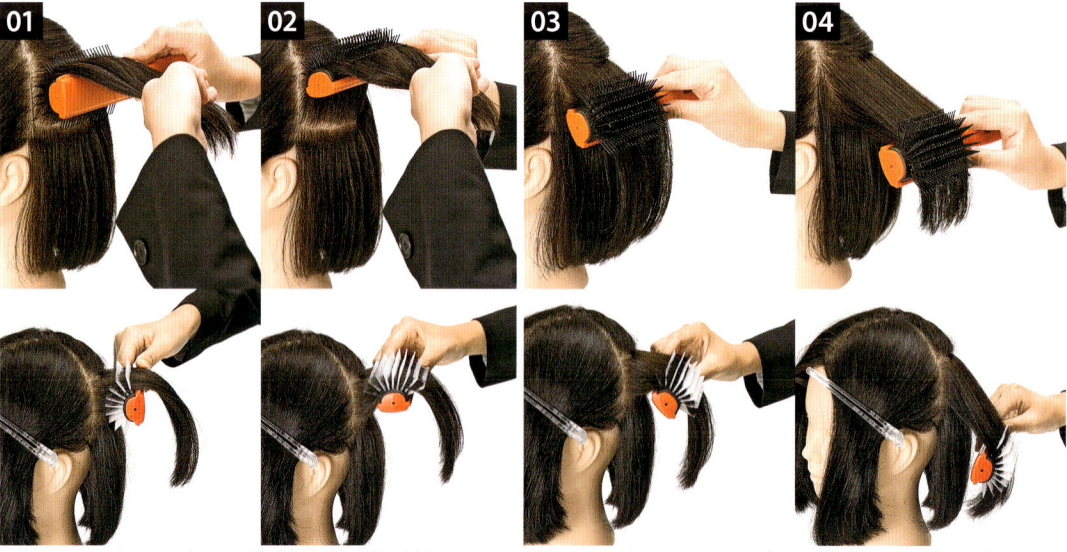

ブラシの幅くらいにストランドを分けとり、毛先を持ち、ストランドの下から、根元にブラシを入れる。ブラシを回転させながら、ブラシの面とストランドの面を平行にする。

頭の丸みにあわせるようにブラシを回転させながら、徐々に毛先までブラシを移動させる。

ヘアドライヤーを用いたブロードライの目的と効果

- **髪を乾かす** 　風量［強］温度［温］＞温風で髪全体をまんべんなく乾かす。温風を一ヶ所に集中して当てないように注意
- **髪にツヤを出す** 　温度［冷］＞冷風でキューティクルを閉じ、髪に必要な水分を閉じ込めツヤを出す。冷風を当てることでドライヤーの熱によるダメージを軽減できる
- **ヘアセット** 　風量［弱］温度［温→冷］＞温風で緩んだ髪をブラシ等で固定し冷風で固める

大風量の軽量タイプ。風量［強・弱］、温度［温・冷］の切り替えができるプロ仕様のヘアドライヤー。

ブロードライ
ハンドドライヤーとブラシの基本動作

①横に立ち技術を行う方法、②正対して技術を行う方法、③自然なふくらみを出すラップドライを紹介します。

● ブロードライ①　横に立ち、ネープ、ミドル、トップの順でブローを行う

【ネープ】ブラシを持ち上げるとボリュームがつきすぎるので注意しながらブローする。

01　02　03　04

【ミドル】ストランドを頭皮に対して45°持ち上げ、頭の丸みに合わせながらブラシを回転させ、毛先まで均等にブローする。

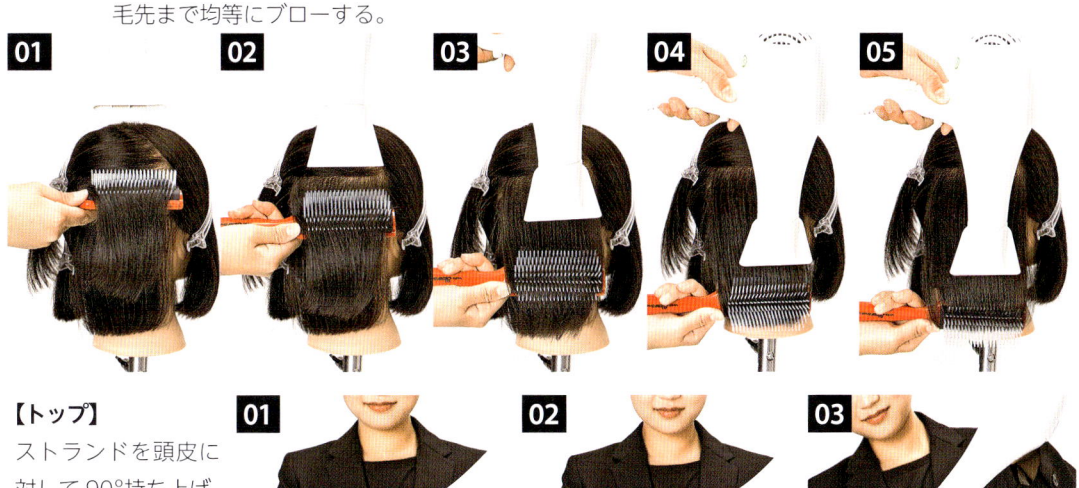

01　02　03　04　05

【トップ】
ストランドを頭皮に対して90°持ち上げ、頭の丸みにあわせながらブラシを回転させ、ブローする。
※ドライヤーの角度、向きに注意する。

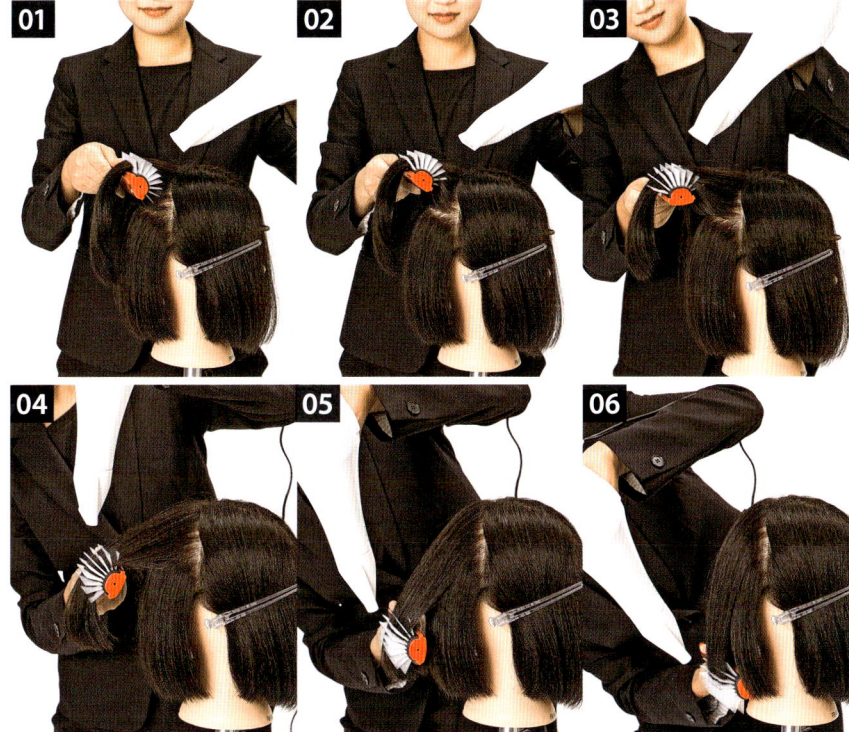

01　02　03
04　05　06

16

3-16 ブロードライ

FINISHING WORK

●ブロードライ②　パネルの正面に立ち、技術を行う

ドライヤーの吹き出し口とブラシの面を常に平行に保つこと。
なお、横に立ち技術を行う場合も、ドライヤーの風のあて方（ドライヤーの吹き出し口とブラシの面の関係）は変わらない。

01 / 02 / 03 / 04 / 05

ストランドの根元にブラシを入れる。　半円を描くようにブラシを動かす。　ブラシが毛先にすすむとともに、ドライヤーも、一緒に動かす。　毛先までしっかりブローする。

●ブロードライ③　自然なふくらみを出す、ラップドライ

毛髪を左右にシェープしながらドライヤーの風をあて、毛髪のクセを整えるとともに、根元に自然なふくらみを出すテクニック。

01 / 02 / 03 / 04 / 05

ブラシを左側より毛髪にあて、右にブラシを移動しながらドライヤーの風をあてる。

06 / 07 / 08 / 09 / 10

ブラシを右側より毛髪にあて、左にブラシを移動しながらドライヤーの風をあてる。

用語の解説表記について

用語　　英語表記または読み、漢字表記

オンベース
【on base】［専］1.ベース中心の毛髪が直角になるように、二等辺三角形に引き出した状態。引き出したストランドの上下角、左右角はともに90°。2.ベースには「土台・底部」といった意味がある。⇔オフベース　☞ベース、p.15

語句の属性
※英＝英語
※専＝理美容の専門用語
※オ＝本書オリジナル用語
※美術＝美術用語
※解剖＝人体解剖用語
※和＝和装用語
※数＝数学用語

使用記号
⇔　反意語・反対語
≒　類義語
→　…を見よ
☞　…も参照に
e.g.）用例

カット用語集

ヘアカットの技術やヘアスタイルを理解する上で必要となる、基本的な用語の解説集です。
本書で使用の省略語をアルファベット順に、基本用語を50音順に掲載しています。本書内で詳しく解説している用語については、参照ページも記載しました。

【A～Z（省略語）】

ヘアカッティングやヘアスタイリングの技術を行う上で重要な頭部のポイントやラインで、省略されて表記されることが多い用語。p.16「頭部のポイントとセクション」も同時参照のこと。

B.P【Back Point】
［専］バック・ポイントの略。こめかみとE.P（イヤー・ポイント）を結ぶラインの延長線が、正中線と交わる一点を指す。ファッションでは、後ろ姿に特徴があるデザインやスタイルをいう。

E.E.P【Ear to Ear Part】
［専］1.イヤー・ツー・イヤー・パートの略。T.P（トップ・ポイント）と左右のE.P（イヤー・ポイント）を結ぶライン。ヘアスタイルはこのラインを境にフロントサイドエリアとバックエリアに分けられる。2.イヤーツーイヤー。

E.P【Ear Point】
［専］イヤー・ポイントの略。耳上（じじょう）の髪の生え際ラインと、耳後（じご）の直上線が交差する点（ポイント）。

G.P【Golden Point】
［専］ゴールデン・ポイントの略。T.P（トップポイント）を通る水平線と、B.P（バックポイント）を通る垂直線が交差するところから、頭皮に直角に下ろした正中線上の点。アップスタイルにおいて、毛束を集める頻度が高い位置。

H.P【High Point】
［専／オ］ハイ・ポイントの略。後頭部、正中線上の一点。B.PとG.Pの間にある後方に張り出したところ。

H.P.L【High Point Line】
［専／オ］ハイ・ポイント・ラインの略。H.PとK.P（こめかみ・ポイント）を結ぶライン。頭の鉢（はち）回り。☞鉢（はち）

K.P【こめかみポイント】
［専／オ］こめかみからの直上線とフェイスラインが交差する点（ポイント）。

N.L【Nape Line】
［英／専］ネープ・ラインの略。襟足（えりあし）のエンド・ラインの意。

N.P【Nape Point】
［専］ネープ・ポイントの略。N.Lと正中線の交わる一点を指す。

T.P【Top Point】
［専］トップ・ポイントの略。頭頂部で最も高い位置の一点。最頭頂部。

【ア行】

アールテンション
【R Tension】［専］しばしば半径を意味するラジアス（radius）の頭文字一字（R）で、湾曲する部分が表現されることから、理美容では、1.毛髪にコームを押しつけてシェーピングする技法、あるいはそれによって得られる形。2.コームを半回転させながらシェープすることによって起こる張力をいう。☞テンション

アイレベル
【eye-level】［英］目の高さの。目線の高さ、位置。

アウトライン
【out-line】［英］外形、輪郭。

アシンメトリー
【asymmetry】［英］非対称、不調和。［専］調和不調和に関係なく、左右非対称なスタイルを指して用いる。⇔シンメトリー

アップステム
【up stem】［専］ステムを引き出している角度が頭皮に対して直角よりも上がっている状態をいう。⇔ダウンステム　☞ステム

アフターカット
【after cut】［専］他の施術の後に行うカットの意。パーマ処理をした後など、デザインにそってカットすることを指す。≒チェックカット　⇔プレカット

アングル
【angle】［英］角度、角。［専］毛束を引き出す角度を表す際などに用いる。e.g. 45°の～でパネルを引き出す

アンダーカット
【under cut】［英］…の下部を切り（削り）取る。（人）より安く売る。（相手）より低賃金で働く。［専］シザーズ・オーバーコーム（刈上げ）の上に長い髪がオーバーラップしている様をいう。

アンダーセクション（エリア）
【under section (area)】［専］頭部の特定区域を指す語。B.P（バック・ポイント）とE.P（イヤー・ポイント）を結ぶラインの下部域。または頭部を上下に分けた際の下部域。⇔オーバーセクション（エリア）　☞p.16

アンバランス
【unbalance】［英］平衡（均衡）を失わせる。不均衡。不安定。⇔バランス

イーブンダンプネス
【even dampness】［英］均一な水分量、湿気。［専］ウェットカットをする際の、最適な髪の状態・水分量を指す。

ウィッグ
【wig】［英］1.（髪の全部または一部の）かつら。2.人

毛を使用した理美容技術練習用の人頭模型。

ヴィジュアルバランス
【visual balance】[英] 視覚的なバランスの意。しばしば特定の法則性に準じたスタイルでも、最終的には視覚的なバランスが大切という意味で使われる。

ウエイト
【weight】[英] 重さ、重量。[専] 実際の重量に関係なく、ヘアスタイルのボリューム、毛量等によって重い軽いを使い分ける。

ウェット
【wet】[英] 濡れた、湿った、湿気のある。⇔ドライ

ウェットカット
【wet cut】[専] 毛髪を水分で湿らせてカットする方法。シャンプー後のカットでない場合、トリガースプレー等で充分毛髪を湿らせる必要がある。効用として ⓐカットしやすい状態になる ⓑシザーズの刃こぼれを防ぐ ⓒ毛髪の傷みを抑える 等が挙げられる。⇔ドライカット

エッジ
【edge】[英] 刃、刃先、（物の）へり、端の意。他にブレードも刃を意味するが、この場合、ブレードは刃全体のボディを指し、エッジは刃先を指す。

エラスティシティ
【elasticity】[英] 弾力性、伸縮性、順応性。[専] テンションおよび水分による重量で発生する毛髪の伸縮差、またはそれによって派生するグラデーション（段差）をいう。☞テンション

エレベーション
【elevation】[英] 高めること、高台、高度、海抜。[専] 毛髪を持ち上げながらカットする技法。ステムを上方に移しながらカットするためにグラデーション（段差）が得られる。≒リフト、リフティング　☞p.21

黄金比／おうごんひ
【golden ratio】[美術] 比率 1：1.618…。人間にとって最も安定し、美しい比率とされ、美術的要素の一つとされる。≒黄金分割。外中比。☞白銀比、p.10

オーバーセクション（エリア）
【over section (area)】[専] 頭部の特定区域を指す語。H.P.L（ハイポイントライン）の上部域をいう。⇔アンダーセクション（エリア）　☞p.16

オーバーダイレクション
【over direction】[専] 毛髪を自然に落ちる位置と異なる位置に引き出してカットすること。または、そうカットすることによっておこるグラデーション。☞p.20

オシピタルボーン
【occipital bone】[英／解剖] 後頭骨。後頭突起周辺部。

オフベース
【off base】[専] 1. ストランドをベース中心からズレた位置に引き出した状態。2. オフには「はずれて・それて」といった意味がある。3. オンベース以外は全てオフベース。⇔オンベース　☞ベース、p.19

オンザスキン
【on the skin】[専] 皮膚に密着した状態。皮膚上。毛髪を首、背中、額（顔）等、皮膚に密着させてカットしたり、スタイリングすること。

オンベース
【on base】[専] 1. ベース中心の毛髪が直角になるように、二等辺三角形に引き出した状態。引き出したストランドの上下角、左右角はともに90°。2. ベースには「土台・底部」といった意味がある。⇔オフベース　☞ベース、p.19

【カ行】

ガイド【guide】[英] 案内する、案内者、道しるべ。

ガイドライン
【guide line】[英] 指針、誘導指標、（絵や文字などの）下書き線の意。[専] 毛髪をカットする際の基準、目安となる髪の長さであり、ガイドとして切り揃えられたラインをいう。

カッティング・コーム
【cutting comb】[専] おもにカットをする際に用いるコームのこと。ヘアカッティングにおけるコームワーク（コームづかい）は、仕上がったスタイルの出来・不出来を左右する非常に大事な技術といえる。☞コーム、ラットテール・コーム、リングコーム、ジャンボコーム、p.29

カットライン
【cut line】[英] ものが切られた線をいう。[専] 毛髪が切り揃えられ、ライン状となった部分を指す。

カーブ
【curve】[英] 曲線。湾曲部。（丸く）曲がる。

カラーリング
【coloring】[英] 着色（法）、彩色（法）の意。[専] 毛髪を染色すること。広義ではブリーチ（脱色）も含む。
☞ヘアカラー、ヘアダイ

クラウン
【crown】[英] 花の冠、土冠の意。転じて冠を戴く頂上の意味も。[専] 頭部の区分名称をいい、冠を戴く位置、すなわちフロントからトップにかけての頭頂部をいう。

グラデーション（カット）
【graduation/gradation cut】[専] 1. 毛髪に密度の高い段差を出すことで毛髪の厚みをぼかし、毛髪が地肌にそうように仕上げたスタイル。2. カットでは短から長へと徐々に変化させる技法、またはそれによって得られるス

131

タイルを指す。☞ p.22、p.25
【graduation】［英］1.卒業。2.配列、分類、等級、階級、濃縮化。【gradation】［英］1.色彩、光などの）ぼかし、色の推移、明暗の変移、徐々に変化すること。2.(~s)段階、階級。　☞ワンレングス（カット）、レイヤー（カット）

クロスオーバー
【crossover】［英］1. 交差、立体交差路。2.（音楽用語での）ジャンルの混交によって生じた新形態の音楽。［専］バックの正中線をまたいでセクションをとること。

こめかみ／米噛／蟀谷
【temple】耳の上部と目尻との間の、ものを噛む時に動くところ。米を噛む時に動くところの意。☞ p.16

コーナー
【corner】［英］角、片隅、または形容詞的に「かどにある」の意。［専］毛髪の生え際における凸および凹部の角、あるいは各セクションの角をいう。この部分の毛髪のおさめ方が最終的な仕上がりに大きく影響を及ぼす。

コネクト
【connect】［英］つなぐ、結合する、接続する。関係づける。
⇔ディスコネクト

コーム
【comb】［英］櫛（くし）、毛髪をとかし整えるもの。コームにはさまざまな材質、形があり、用途により使い分けられる。実用的な目的の他、装飾品として用いられるものもある。☞カッティング・コーム、ラットテール・コーム、ジャンボコーム

コームスルー
【comb through】［専］スルーは「通る」の意味で、櫛で髪をとかすことをいう。☞ p.37、p.41

コンケーブ
【concave】［英］凹形、凹面。くぼんだ、凹型の…。［専］1.毛髪のカットラインが直線に対して凹（くぼ）みを持っている状態。また凹（へこ）んでいる部分。2.シザーズおよびレザー(剃刀)の刃の部分名称。刀身（ブレード）の背の部分からエッジ(切れ刃)に向け、内側にえぐるようにカーブしている部分のこと。
⇔コンベックス

コンディショニング
【conditioning】［英］よい状態に調整すること。［専］毛髪の状態を整えることをいう。コンディショナー(整髪剤)の塗布やヘアパック、ヘッドマッサージなど、内から外からさまざまな方法が用いられる。　≒ヘアコンディショニング　☞トリートメント

コンベックス
【convex】［英］凸形、凸面の意。［専］1.毛髪のカットラインが、直線に対して突き出している状態。また凸形（山型）に突き出している部分。2.刃物におけるブレード形状である蛤（はまぐり）形状の凸面を指す。⇔コンケーブ

【サ行】

サイド
【side】［英］側、側面、横の意。［専］頭部両側面のように特定区域を指す他、正中線に対し左右いずれかに偏る位置でのパートラインを指す場合もある。e.g.) サイドパート　☞ p.16

シェープ
【shape】［英］形、形状、外形。状態。具体化、実現。［専］髪をコームなどでとかした時の形をいう。または、単にとかすこと。

シェーピング
【shaping】［専］コームでとかすこと。またはコームでとかして毛流や形を整えること。

ジェル
【gel】［英］ゲル、膠(こう)化体、ゼリー状物質の意。［専］ゼリー状の整髪料全般を指す。

ジオメトリック
【geometric】［英／数］幾何学上の、幾何学的な、幾何学様式のといった意味。［専］方形、三角形、菱形、多角形、円形などを組み合わせた幾何学模様に発想を得た、ヴィダル・サスーン考案のカットスタイルをいう。≒ジオメトリックカット

シャープ
【sharp】［英］1.(刃物が)鋭い。2.(角度が)急な。3.鋭敏な、利口な。4.くっきりとした。5.(楽譜の)シャープ。嬰音の。☞フラット

シザーズ・オーバー・コーム
【scissors over comb】［専］コーム上の毛髪をカットする、の意から、刈上げすること、もしくは刈上げたスタイルをいう。

ジャンボコーム
【jumbo comb】［専］ずば抜けて大きな櫛の意から、粗歯の大きなコームを指す。☞コーム、カッティングコーム、ラットテール・コーム、リングコーム

ショート
【short】［英］短い、不足した、簡潔な。［専］毛髪が短いこと。また毛髪を短くカットしたスタイル。
e.g.) ショートヘア、ショートレングス　⇔ロング

シンメトリー
【symmetry】［英］1.（左右の）対称、相称。2.調和、均整を意味する。最も安定感のあるバランスの一つとされ、人が美しいと感じるものの多くはシンメトリーバランスである。人も正面正中線で左右を比べた場合、ほぼシンメトリーといえる。⇔アシンメトリー　☞バランス

スクエアカット
【square cut】［英］square . 正方形、四角、四角い広場の意。

［専］四角くボックス型にカットすること。メンズヘアのロングやレディースのショートヘアの原型にあたる。

ステップ
【step】［英］歩み、足の運び、足跡、段、階段の意。［専］ヘアスタイルにおける階段状の段差。

ステム
【stem】［英］草の茎(くき)、木の幹を指す。転じて茎状のものをいう。［専］毛髪を引き出してカットする際など、カットラインを決めるために指もしくはコームでテンションをかけて引き出した毛髪の根元から、指もしくはコームまでの間の部分をいう。ステムを引き出す角度、テンションにばらつきが生ずると仕上がりのカットラインが揃わなくなる。☞ アップステム、ダウンステム

ストランド
【strand】［英］撚(よ)り、糸、紐、編んだ髪の意。［専］毛束、分けとって引き出した毛髪。

ストロークカット
【stroke cut】［英］stroke:一撃、(繰り返される動作の)一回の動作。［専］一つの大きな動きの中で毛髪をカットする技法。引き出した毛髪に対して毛先に向かってシザースを開閉しながら削ぎ切りする技法。フレンチセニング。

スライシング
【slicing】［英］薄く切る。［専］毛髪を薄く削ぎ切りする技法。

スライス
【slice】［英］1.(パンや肉など)薄切り一枚の意。2.(ゴルフ、テニスなどの)スライス／利き腕の方向へ飛ぶ打球。［専］毛髪を薄く分け取ること。☞ p.18

正中線
【せいちゅうせん】物の中心、真ん中の線。［専］頭部を左右均等に分ける仮想上のラインをいう。☞ p.16

整髪料
【せいはつりょう】整髪するのに用いる化粧品。ヘアリキッド、ヘアクリーム、ヘアスプレー、ポマード、チック、ワックスといったものが含まれる。

セクション
【section】［英］1.切断された部分、切断面。2.(会社の)部門。(組み立て)部品。3.(都市の)区域、区画。［専］頭部の毛髪をブロッキングした区域、またはスライスして分けとった部分。☞ブロッキング、スライス、パート e.g.) アンダーセクション、ミドルセクション、オーバーセクション。第1セクション、第2セクション。

セット・コーム
【setting comb】［専］セットには配置する、定める、整えるといった意味があることから、ヘアスタイルを仕上げる最終的な局面で用いられるコームを指す。☞コーム、カッティングコーム、ラットテール・コーム、ジャンボコーム

セニング
【thinning】［英］薄く、細かく、まばらにの意。［専］毛髪を間引いたり、すくこと。

セニングシザーズ
【thinning scissors】［専］梳き鋏(スキバサミ)。毛髪をすくために用いる専用シザーズで、セニングシザーズですく方法をアメリカ方式という。☞ p.29

センター
【center】［英］中心、中央、真ん中の意。

センターパート
【center part】［専］頭髪を正中線で分けた、その分け目、あるいはその状態をいう。

ソフトエッジ
【soft edge】［専］ソフトは柔らか、エッジは縁、端の意から、理美容では柔らかなヘアラインを指す語として使われる。

【タ行】

ダイアゴナル
【diagonal】［英］対角線(面)の、斜め(模様)の、あや(織)の。対角線。斜線。

ダイアゴナルスライス
【diagonal slice】［専］斜めにスライスを取ること。☞ バーティカルスライス、ホリゾンタルスライス

ダウンシェープ
【down shape】［専］髪を下方向にとかすこと。 ☞ シェープ

ダウンステム
【down stem】［専］ステムを引き出している角度が頭皮に対して直角よりも下がっている状態。⇔アップステム ☞ステム

ダックカール／ダッカール
【duck curl】［専］頭髪をブロッキングした際や、カットをする際に不要な髪を束ねてはさみ止めておく器具。

チェックカット
【check cut】［専］スタイリングが仕上がり、最終的に形を整えながらカットすることをいう。≒トリミング、アフターカット

ツーセクションカット／2セクションカット
【two section cut】［専］セクションは区域、区画の意。転じて頭髪を二つの区域に分け、それぞれに異なるニュアンスを持たせながら一つのスタイルとしてカットする

133

こと、もしくはそのスタイルをいう。e.g.) ☞ p.114 ～レイヤー on グラ、☞ p.119 ～レイヤー on レイヤー

ディスコネクト
【disconnect】［英］接続を断つ。切り離す。⇔コネクト

テーパリング
【tapering】［専］先細りにするの意から、毛髪を削いで毛束を先細りに形づける技法をいう。

テンション
【tension】［英］ぴんと張ること、伸ばすこと。緊張。［専］毛髪を切る際、コームあるいは指で引き出した髪に張力を加えて伸ばすこと。⇔ノーテンション

デンマンブラシ
【denman brush】［専］ブロードライをする際に用いるブラシ名。デンマン～とは一商品の名称であるが、現在では広く一般的にこの名が用いられるようになった。≒ハーフ・ラウンド・ブラシ。☞ p.124

トップ
【top】［英］頂上、極点。［専］頭部の特定区域を指す語で、最頭頂部周辺を指す。☞ p.16

トップセクション（エリア）
【top section (area)】［英］頂上域を指す語。［専］頭部の特定区域を指す語、トップと同義。頭頂部周辺の中でもやや後頭部寄りの場所を示す語。☞ p.16

ドライ
【dry】［英］乾いた、乾燥した。ぬれていない⇔ウェット

ドライカット
【dry cut】［専］毛髪を乾いた状態でカットする方法。ⓐ毛髪の長さをあまり変えずに修正する場合 ⓑ全体の仕上がりをつかみやすくする場合 ⓒチェックカットする場合、などに用いられる技法。⇔ウェットカット

トリガースプレー
【trigger spray】［専］トリガーは引き金の意から、引き金のついたスプレイヤーをいう。おもにウェットカットの際に髪をぬらす道具。☞ p.29

トリートメント
【treatment】［英］手当て、治療、治療法の意。［専］理美容ではヘアトリートメント、スカルプチュアトリートメント、フェイシャルトリートメントなど、薬粧品を使い、毛髪や頭皮、皮膚の状態を整える行為をいう。または薬粧品自体を指して使う。☞コンディショニング

トリミング
【trimming】［英］整理、整頓、削減の意。［専］すでに仕上がったラインを軽くカットして修正すること。≒チェックカット、アフターカット

【ナ行】

ネープ
【nape】［英］外後頭隆起から襟足にかけての部分。☞ p.16

ネープライン
【nape line】［英］襟足のライン。N.L.≒ヘムライン ☞ p.16

ノーテンション
【no tension】［専］毛髪に張力、緊張力をかけないこと。⇔テンション

【ハ行】

バイアス
【bias】［英］1. 先入観、偏見。偏り。2.（生地の織目に対する）斜線、バイアス。［専］斜め、傾斜。ダイアゴナルと同義で用いられることも多い。 ☞ダイアゴナル

バイアスカット
【bias cut】［専］パネル（引き出したストランドの毛流）に対して斜めにカットする技法。この名称は、洋裁で、布地の縦横を織目に対し斜め45°で使用または裁断する方法（布地を身体にフィットさせる、伸縮性を持たせる、ドレープをきれいに出す…などの目的で用いられる）に由来する。

白銀比
【silver ratio】［美術］比率 1：√2 (1.414…)。A4、B5といった紙の寸法にも用いられ、日本では古くから美しい比とされる。☞黄金比、p.10

バック
【back】［英］背、背中、後部。［専］後頭部。⇔フロント

バックセクション（エリア）
【back section (area)】［専］頭部の区域を表す語。T.P(トップ・ポイント)と左右のE.P(イヤー・ポイント)を結ぶE.E.P（イヤーツーイヤーパート）以後の頭部区域。⇔フロントセクション（エリア） ☞ p.16

バーティカル
【vertical】［英］垂直の、水平面に直角な、縦の。垂直線（面）。⇔ホリゾンタル ☞ダイアゴナル

バーティカルスライス
【vertical slice】［専］縦にスライスを分けとること。また分けとったライン。⇔ホリゾンタルスライス ☞ p.18

鉢／ハチ
【はち】頭の周囲。はちまきを締める位置。はちまきの名の由来。H.P.L（ハイ・ポイント・ライン）。

パート
【part】［英］部分。（全体を等分した）一部分。役目。（機械などの）部品。地方、地域。［専］頭髪の分け目を指す語。

また、分けとった部分を指すこともある。 e.g.) センターパート。サイドパート。

パネル
【panel】［英］鏡板、羽目板。細長い布。［専］シェーピングによって引き出された板状のストランド。

パラレル
【parallel】［英］平行線（面）。平行の、並列の。

バランス
【balance】［英］天秤、はかり、均衡。☞ 黄金比。シンメトリー、アシンメトリー。⇔アンバランス ☞ p.9

バング
【bang】［英］おもに切り下げた前髪。［専］前髪。前髪にあたる部分。スタイル全体の印象を大きく左右する重要な部位。

ハンド・ドライヤー
【hand dryer】［専］ぬれた毛髪を乾かしたり、セットするのに用いる器具。ドライヤーはハンディタイプのものとスタンドタイプのものに分けられるが、ブロードライにはハンド・ドライヤーが不可欠。☞ブロードライ ☞ p.124

ハーフ・ラウンド・ブラシ
【half round brush】［専］ボディが半円形のブラシのこと。ブロードライする際などに用いる。≒デンマンブラシ ☞ p.124

ピボット
【pivot】［英］1.枢軸、旋回軸。ピボット。2.中心点、要点、要（かなめ）。［専］シザーズのネジ部分、要（かなめ）。

ビルドアップ・ウエイト
【build up weight】［専］重みを一ヶ所に集めるという意味から、カットスタイルにおいて特定の部分に重さを感じさせるようにスタイリングすることをいう。

フィンガーアングル
【finger angle】［専］指の角度。転じて引き出したステムを固定する中指と示指によってつける角度をいう。カットのスタイリングはステムの角度によって様々に変化することからも、フィンガーアングルの重要性が分かる。

フェイスライン
【face line】［英］顔の輪郭、すなわち髪の生え際を指す。☞ p.16

フォーブロック／4ブロック
【four block】［専］頭部を四つの区域に分けた状態のことをいい、正中線とE.E.P（イヤーツーイヤーパート）で分けた状態をいう。☞ p.18、p.34

フラット
【flat】［英］1.平らな、平たい（表面に凹凸がなく平らであること。水平とか斜めとか、面の方向には関係ない。印象として平らな状態）。2.（壁などに）ぴったり接して。単調な。3.（料金などが）均一の。4.（楽譜の）フラット、変音。 e.g.) flat head（平らな頭）、flat top（角刈り）、flat foot（扁平足）

ブラント・カット
【blunt cut】［専］直線的に切ること。またその技法。ストランドを引き出す角度やシザーズを入れる角度によって、ワンレングス、グラデーション、レイヤーなど、スタイルにバリエーションが生まれる。

フリーハンド
【free hand】［専］ステムを指で挟まずに、カットしていく技法。毛髪が自然に落ちる位置でテンションをかけずにカットする場合（ワンレングス）や、スタイルに動きを求める際に使われる。☞ p.42

フロント
【front】［英］前部、前方、前面。（建物などの）正面。［専］前頭部。⇔バック

フロントセクション（エリア）
【front section (area)】［専］頭部の区域を表す語。T.P（トップ・ポイント）と左右のE.P（イヤー・ポイント）を結ぶE.E.P（イヤーツーイヤーパート）よりも前の頭部区域。⇔バックセクション（エリア） ☞ p.14

プレカット
【pre cut】［専］プレ「前、あらかじめ」といった意味から、何らかの技術の前に、技術をやりやすくするという意味であらかじめカットしておくことをいう。⇔アフターカット

ブロードライ
【blow dry】［専］風に吹かれて乾く、の意から、ハンド・ドライヤーの熱風によって髪を乾かすこと、さらにはセットすることをいう。☞ p.124

ブロッキング
【blocking】［専］技術がしやすいように頭髪をいくつかに区分すること。☞ブロック。セクション。パート。 ☞ p.18、p.34

ブロック
【block】［英］1.大きな塊（かたまり）。（コンクリート）ブロック。2.（4つの街路で囲まれた）街区、ブロック。区画。3.障害（物）。4.～をふさぐ。妨害する。［専］技術がしやすいように頭髪をいくつかに区分したときの・区画、・部分。☞セクション。パート。

ヘアカラー【hair color】［英］→カラーリング

ヘアクリーム
【hair cream】［英］オリーブ油、スクワランなど流動性油脂を主成分とし、乳化させた整髪料のこと。☞整髪料

ヘアスプレー
【hair spray】[英] セットした毛髪に吹きつけて、ヘアスタイルの乱れを防ぐために用いる整髪料のこと。成分はゴム質、合成樹脂などが使われる。☞整髪料

ヘアダイ
【hair dye】→カラーリング 【dye】[英] 染料、…を染めるの意。

ベース
【base】[英] 1.土台。基礎。2.基地。3.(野球の)ベース、塁。4.(混合の)主成分。5.(図形の)底辺、底面。基数。基線。底。[専] スライスして引き出したストランドの頭皮部分。土台。底面、底辺部。☞オンベース。オフベース。

ヘッド・シェープ
【head shape】[専] シェープの意味が形、姿、状態であることから、頭の形状、もしくは毛髪も含めた頭部全体の状態を指す語。

ヘムライン
【hem line】[専] 後ろ襟、特にネープの縦のライン。≒ネープライン ☞p.16 【hem】[英] (布、衣服の)ヘリ。

ポインティング
【pointing】[専] ポイントには先端、あるいは先のとがった道具といった意味があることから、転じてシザーズの刃先を用い、毛先をとがらせたり軽くする技法をいう。

ボディウォーク
【body walk】[専] 技術を行う際の身体の運び方。動き。☞p.30

ボディポジション
【body position】[専] 技術を行う際の姿勢、立ち位置等。

ボブ
【bob】[専] ショートヘア・スタイルのひとつで、襟足で毛先を揃えた典型的なワンレングス・スタイル。

ホリゾンタル
【horizontal】[英] 地平線(上)の〜、水平線(上)の〜。水平の。横向きの。水平線、水平面。⇔バーティカル ☞ホリゾンタルスライス

ホリゾンタルスライス
【horizontal slice】[専] 水平にスライスを分けとること。また分けとったライン。⇔バーティカルスライス ☞ダイアゴナルスライス ☞p.18

ボリューム
【volume】[英] 特に大きな本。(本などの)巻。容積、量。音量、ボリューム。[専] ヘアの分量、量感。

盆の窪
【ぼんのくぼ】頚椎と頭蓋骨が突き当たる部分にできる窪み。英語では The hollow of the nape ☞p.16

【マ行】

マストイトボーン
【mastoid bone】[英/解剖] 乳様突起。☞p.13

みつえり
【みつえり】[専] 襟足左右のカド。ヘムラインとネープラインの接点(左右)。▼p.14 【三つ衿／三つ襟】[和] 1.小袖を三枚重ねて着ること。2.和服の襟の首筋にあたる部分の名称。☞p.16

ミディアム
【medium】[英] 中間、中くらいの〜。[専] 理美容ではおもに、髪の長さを表すのに用いる。ショートとロングの中間の長さをいう。e.g.) ミディアム・レングス

ミドルセクション(エリア)
【middle section (area)】[専] ミドルは真ん中の〜、中程度の〜といった意味から、理美容では頭部の部分区域を指し、B.P(バック・ポイント)と E.P(イヤー・ポイント)を結ぶラインから、H.P.L(ハイポイント・ライン)までの区間を指す。☞p.16

揉み上げ／もみあげ
【sideboards, sideburns】サイドの頭髪が、顔正面のアウトラインにそって外耳の前部分に生え下がっているところを指す。☞p.16

メソッド
【method】[英] 方法、筋道、体系、秩序を指す語。しばしば技術書のタイトルや、各章のタイトルとして用いられる。

【ラ行】

ライン
【line】[英] 1.線。2.ひも、糸。3.電話線。4.境界線。限度、限界。5.輪郭、外形(shape)。7.列。8.(文字の)行。

ラウンド
【round】[英] 丸い、円形の。円、輪。回転。(ゴルフ、ボクシングなどの)1試合、1勝負。[専] 理美容では丸みを出す技術を「ラウンドさせる」という。また、コームでとかしながら丸みを求める場合などはラウンド・シェープといったようにいう場合も多い。

ラジアル
【radial】[英] 一点を中心に四方八方に伸び出た形。放射状。

ラットテール・コーム
【rat tail comb】[専] ラットテールはネズミの尾の意。転じてネズミの尾のような柄のコームを指す。単にテール・コームとも。またはリングレット(カール)をつくるのに便利なことからリング・コームとも呼ばれる。☞コーム、カッティングコーム、セットコーム、ジャンボコーム

リフティング
【lifting】［英］→エレベーション

リングコーム
【ring comb】［英］コームの一種。→ラットテール・コーム

レイヤー（カット）
【layer cut】［英］層、重ね。地層、階層。［専］1.レイヤーには層、積む、重ねるといった意味があり、転じて髪のカットラインを重ねて段差を生じさせる技法をいう。2.その技法によってつくられたスタイルを指す。上部の毛髪が短く、下部の毛髪が長いのが特徴。☞ワンレングス（カット）、グラデーション（カット）、p.25

レザー／レーザー
【razor】［英］剃刀（かみそり）のこと。シェービング用の他、ヘアカッティング用のものがあり、後者をカットレザー（レーザー）と呼び分けることもある。セニングやテーパリングなどで使われる。☞p.29

レングス
【length】［英］長さ、丈。［専］毛髪の長さを指す。ヘアスタイルによっては、ショートレングスやロングレングス、またはワンレングスなど、髪の長さやその状態によって呼称されるものもある。

ロング
【long】［英］長い、細長い。久しく。長時間。［専］長い毛髪、また毛髪の長いヘアスタイル。⇔ショート

【ワ行】

ワックス
【wax】［英］蝋(ろう)のこと。［専］理美容では整髪料のことを指すが、他のオイル類とは区別され、粘りやツヤがあり、水分とよく混ざる乳化性や水分を保持する性質がある。

ワンレングス（カット）
【one-length cut】［専］1.毛髪を同一線上でカットする技法。2.毛髪を同一線上でカットすることでつくられる重さのあるスタイル。3.レディスカットにおいては基礎となるスタイルといえる。4.ワンレングスとは直訳すると一つの長さの意。☞グラデーション（カット）。レイヤー（カット）。p.25

参考文献

※本文中の編集に際して、下記記載の文献を参考にさせていただきました。

■黄金比はすべてを美しくするか？―最も謎めいた「比率」をめぐる数学物語／マリオ・リヴィオ著、斉藤隆央 訳／早川書房
■脳は絵をどのように理解するか　絵画の認知科学／ロバート・L・ソルソ 著、鈴木光太郎・小林哲生 共訳／新曜社
■図解アイ・トリック　遊びの百科全書／種村季弘、赤瀬川原平、高柳篤 著／河出書房新社
■ GEOMETRY OF DESIGN ／ KIMBERLY ELAM ／ Princeton Architectural Press New York
■ Balance in Design 美しく見せるデザインの原則／Kimberly Elam 著／株式会社ビー・エヌ・エヌ新社
■ DESIGN BASICS［改訂版］デザインを基礎から学ぶ／デビッド・ルーアー、スティーブン・ペンタック 著／大西央士、小川晃夫、二階堂行彦 訳／／センゲージラーニング株式会社 編／株式会社ビー・エヌ・エヌ新社
■美の構成学／三井秀樹 著／中公新書
■形とデザインを考える60章／三井秀樹 著／平凡社新書
■デザインにひそむ〈美しさ〉の法則／木全賢 著／ソフトバンク新書
■ Newton別冊　脳はなぜだまされるのか？　錯視完全図解／株式会社ニュートンプレス
■ CONTEMPORARY CLASSICS THE SASSOON WAY VOLUME1~3 ／ VIDAL SASSOON

※用語の解説にあたり、下記記載の文献を参考にさせていただきました。
■大修館書店 ジーニアス英和辞典
■岩波書店 広辞苑 第五版
■理美容教育出版社 新・現代理美容技術用語辞典
■日本理容美容教育センター 理容美容学習用語辞典
■ VIDAL SASSOON　CONTEMPORARY CLASSICS

HAIR CUTTING BASIS［改訂版］
国際文化技術叢書③
2012 年 4 月 20 日　改訂版第一版発行
2020 年 4 月 10 日　改訂版第一版第四刷発行
2023 年 4 月 20 日　改訂版第二版発行

【制作・編集スタッフ】学校法人 国際文化学園
技術指導＆解説／
中川勝利、金沓敬文、八巻勝則、竹田政宏、山﨑敦史
技術モデル／金沓敬文、佐藤菜々子
撮影／田口淳一、山口貴弘
DTP&Design ／斎藤久子、芳士戸美帆

発行人／平野 徹
編集人／斎藤 久子
発行／学校法人国際文化学園　国際文化出版局
〒 150-0045 東京都渋谷区神泉町 5-3
〈編集直通〉☎ 03-3462-1448　fax 03-3770-8745

印刷・製本／凸版印刷株式会社　Printed in JAPAN

ISBN978-4-9901658-6-4 C3077
定価　本体 2,000 円＋税
©kokusaibunka-shuppankyoku 2023　Printed in JAPAN